Desenează frumos lumea din jur

de Fiona Watt, Rebecca Gilpin,
Leonie Pratt şi Louie Stowell

Concepţie şi ilustraţii de Stella Baggott, Katrina Fearn,
Non Figg, Erica Harrison, Katie Lovell, Jan McCafferty,
Samantha Meredith şi Antonia Miller

Curtea veche
Bucureşti, 2011

Cuprins

Pinguinii jucăuşi

Foloseşte ideile de aici pentru un desen cu pinguini în mare sau pe un aisberg.

Pentru un pinguin care înoată, lipeşte întâi ciocul, astfel încât să fie în vârful capului.

Desenează peşti pe o hârtie lucioasă, apoi decupează-i şi lipeşte-i.

1. Folosind un creion albastru, desenează pe o hârtie neagră un arc de cerc pentru trupul pinguinului. Adaugă o linie curbată la baza corpului şi o coadă la un capăt.

2. Desenează un arc mic pentru burtă. Adaugă câte o aripă de fiecare parte a corpului. Decupează de jur-împrejur pinguinul, lăsând o margine îngustă neagră.

3. Cu un creion portocaliu închis, desenează un cioc ascuţit pe o foaie de hârtie portocalie. Apoi desenează labele de la picioare.

Acest aisberg a fost colorat cu acuarelă bleu deschis. Apoi, s-a adăugat din belşug cu pensula un strat gros de culoare albă.

4. Decupează ciocul şi labele de la picioare. Lipeşte ciocul pe trupul pinguinului. Pune apoi lipici pe suprafaţa labelor picioarelor. Presează-le apoi prin spate, ca în figură.

5. Colorează uşor cu un creion alb burta pinguinului. Desenează cercuri mici albe pentru ochi. Apoi adaugă câte un punct pe fiecare dintre ele cu un creion negru.

Camioanele cu marfă

Pentru o astfel de imagine, pictează drumul și semnele de circulație după ce ai pictat camioanele. Adaugă liniile negre de pe indicatoare după ce acuarela s-a uscat.

1. Amestecă culoare galbenă cu puțină apă pe o farfurie veche. Apoi, pictează un dreptunghi mare pe o foaie de hârtie albă pentru remorcă.

2. Amestecă culoare bleu deschis cu puțină apă. Apoi desenează cabina camionului la un capăt al remorcii. Adaugă o formă curbată la baza cabinei ca apărătoare a roții.

3. Când culoarea s-a uscat, pictează trei roți negre. Adaugă o bară de protecție între roți, după cum se vede. Apoi, lasă acuarela să se usuce complet.

Ai putea să desenezi un camion cu o remorcă deschisă şi s-o umpli cu ce îţi trece prin cap.

4. Folosind o cariocă neagră cu vârf ascuţit, desenează cu grijă toate celelalte părţi ale camionului. Trasează uşa cabinei, apoi forma mânerului.

5. Desenează oglinda de la cabină, apoi şoferul. Colorează conducătorul vehiculului cu nişte carioci. Apoi desenează pe camion emblema unei companii.

6. Cu o linie subţire de cariocă argintie, desenează capacele roţilor. Adaugă puncte pentru bolţurile roţilor. Apoi colorează oglinda şi mânerul uşii.

Zâne pline de culoare

Ai putea picta un peisaj cu multe zâne – uită-te la această poză pentru idei.

Pentru o zână care stă în picioare, ai grijă să pictezi formele de la pasul 1 diferit.

Pictează un lac mare, apoi adaugă frunze de nuferi și pești care înoată.

Fă părul în aşa fel, încât să acopere parțial capul.

Trasează aripile.

Desenează o steluță la capătul baghetei magice.

1. Pictează pe hârtie albă un cerc pentru capul zânei, apoi adaugă părul. Pictează-i rochia, apoi pune-i două aripi ca în figura de mai sus. Totodată, adaugă o pată galbenă pentru baghetă.

2. Folosind un pix negru subțire, desenează chipul zânei, cu un nas mic şi urechea care se vede. Desenează-i rochia şi cele două picioare. Apoi, adaugă două aripi în formă de frunză.

3. Desenează brațele zânei, dintre care unul întins înainte. Adaugă o baghetă, printr-o linie dreaptă, ca mai sus. Conturează părul prin nişte linii şerpuitoare.

Pune nişte stropi de culoare pentru flori, apoi fă petalele când acuarela s-a uscat.

Privirea de jur-împrejur

Poți să faci o zână să privească în sus şi în jos desenându-i ochii, nasul şi gura în locuri diferite de pe față.

Ca să privească în jos: desenează ochii în mijloc, apoi adaugă nasul şi gura jos.

Ca să privească în sus: desenează ochii şi nasul zânei în vârful capului. Desenează gura la mijloc.

Dinozaurii flămânzi

1. Desenează capul dinozaurului pe o foaie de hârtie albă. Fă-i un gât lung, un corp rotunjit și o coadă. Apoi, desenează burta și patru picioare scurte.

2. Înmoaie pensula în apă curată, apoi trece-o peste toată hârtia. Amestecă niște acuarelă verde cu puțină apă. Apoi acoperă cu această culoare tot corpul dinozaurului, ca mai sus.

3. Înmoaie pensula din nou în culoare și întinde-o și pe pământul de sub dinozaur. Amestecă niște acuarelă bleu cu puțină apă, iar apoi pictează cerul.

4. Când acuarela s-a uscat, desenează conturul dinozaurului cu un creion verde. Pune-i un punct negru pentru ochi. Apoi, adaugă o gură verde, nări şi unghii la picioare.

5. Pentru protuberanțele de pe gât, corp şi coadă, desenează multe spirale mici cu ajutorul unor creioane. Foloseşte diferite nuanțe de verde şi bleu, dacă ai.

6. Foloseşte un creion verde ca să desenezi nişte frunze în gura dinozaurului. Apoi, desenează nişte linii pentru tijele ferigilor şi adaugă-le multe bucle pentru frunze.

Pentru un copac preistoric, pictează o linie maro pentru trunchi şi o pată de culoare pe hârtia udă pentru coroană.

Pentru o scenă specifică de Crăciun, desenează-i pe Moş Crăciun şi renul său pe cer.

Desenează clădiri cu forme diferite.

Un deal înzăpezit

1. Desenează o curbă pentru deal pe o hârtie albastru închis. Colorează dealul cu mult alb. Desenează stelele de pe cer cu ajutorul unui creion alb sau cu o cretă.

2. Folosind o cariocă roz închis, desenează un pătrat pentru casă pe o foaie de hârtie roz sau violet. Adaugă un acoperiş ascuţit şi un coş.

3. Desenează uşa, apoi adaugă un punct pentru mâner. Apoi, desenează forme diferite pentru ferestre. Pune nişte linii încrucişate în interiorul fiecăreia dintre ele.

4. Pentru ţiglă, desenează şiruri în formă de U. Apoi, colorează-le cu un creion alb. Ai grijă să nu depăşeşti conturul vreuneia dintre ele.

5. Colorează zidul casei cu un creion violet. Fă ferestrele portocalii şi bleu, iar uşa roşie. Apoi colorează coşul cu violet.

6. Desenează un triunghi mare pentru un brad cu ajutorul unei carioci roz închis.

7. Pentru ramuri, desenează trei linii în zigzag în jurul copacului. Apoi pune o stea în vârful pomului. Coloreaz-o cu un creion portocaliu.

8. Colorează partea de sus a pomului cu un creion alb. Apoi, foloseşte creioane în diferite nuanţe de bleu şi verde pentru a colora restul ramurilor.

9. Desenează mai multe case şi copaci în acelaşi mod. Decupează-le şi pune-le pe dealul înzăpezit. Apoi, lipeşte-le.

Frumoasele prinţese

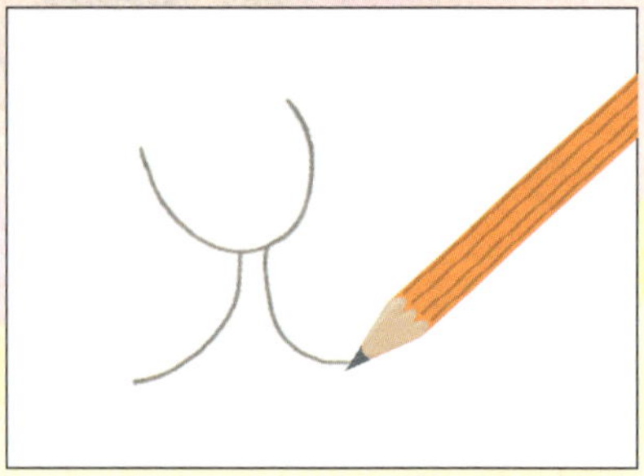

1. Folosind un creion, desenează faţa prinţesei în formă de U în partea de sus a unei hârtii albe. Apoi, adaugă două linii curbe pentru gât.

2. Desenează două curbe în partea de sus a feţei pentru cărare. Adaugă restul părului. Desenează un gât arcuit, apoi trunchiul, în formă de V.

Poţi să desenezi o prinţesă ducând o geantă, un evantai sau chiar un câine micuţ.

3. Pornind din jumătatea părţii de sus a corpului, desenează două curbe pentru fustă. Adaugă o curbă şi în partea de jos. Apoi desenează alte două linii curbe pe fustă.

4. Pentru mâneci, desenează două ovale din liniile gâtului. Adaugă două forme sub ele cu marginea de jos franjurată. De asemenea, desenează nişte forme micuţe pentru mâini.

5. Desenează toate liniile cu carioci. Foloseşte o linie groasă în jurul gâtului prinţesei, al mânecilor, al taliei şi al fustei. Apoi, colorează-i părul.

La rochia de mai sus s-au adăugat niște linii roz și portocalii în zona galbenă a fustei.

6. Clătește pensula în apă curată. Cu grijă, trece-o peste liniile trase cu carioca, pentru a întinde culoarea. Dă cu pensula de jur-împrejur, ca să se acopere fiecare formă.

7. Când s-a uscat, desenează ochii cu o cariocă neagră. Folosește creioane pentru nas, buze și obraji. Apoi, adaugă o coroană cu un creion auriu.

8. Folosește creioane pentru a desena toate liniile din nou. Apoi, împodobește rochia prințesei cu funde și volănașe de dantelă. Adaugă modele și puncte cu un creion auriu.

Dinozauri simpli

Foloseşte această formă cu gât lung pentru dinozauri de tip diplodocus şi plateosaurus.

Aceşti dinozauri au fost desenaţi folosind formele de triceratop din caseta aflată pe pagina alăturată.

1. Pentru un dinozaur cu gât lung, desenează un oval mare în mijlocul unei hârtii albe. Adaugă alte două ovale mai mici, pentru partea de sus a picioarelor.

2. Desenează un oval mic pentru cap deasupra şi la dreapta corpului. Desenează un gât lung curbat până la cap. Apoi, adaugă o coadă lungă.

Fă aceste picioare un pic mai scurte.

3. Desenează două picioare care coboară de la cele două ovale mici făcute la pasul 1. Apoi adaugă celelalte două picioare, câte unul la dreapta fiecăruia dintre primele două.

Desenează o formă în poziție verticală pentru un Tyranosaurus rex.

Acest dinozaur verde este un stegozaur.

4. Desenează linia corpului şi a picioarelor cu un creion verde. Adaugă un ochi şi o gură. Apoi, şterge toate liniile ajutătoare.

5. Colorează dinozaurul cu acuarelă verde. Atunci când culoarea e încă umedă, adaugă pete închise pe spate, gât şi coadă. Lasă totul să se usuce.

Şi mai mulţi dinozauri

Urmăreşte formele de mai jos pentru a desena un dinozaur care stă pe picioarele din spate. Fă-i nişte brațe scurte.

Pentru un triceratops, desenează un oval pentru cap la aceeaşi înălțime cu ovalul desenat pentru piciorul din spate.

Desenează două ovale pentru capul şi pentru corpul unui dinozaur zburător. Apoi, pune-i aripi şi un cioc.

Pune țepi şi pe coadă.

Urmăreşte aceste forme pentru a desena un stegozaur. Pe spate, desenează-i forme ca de diamant.

Patinatori pe gheaţă

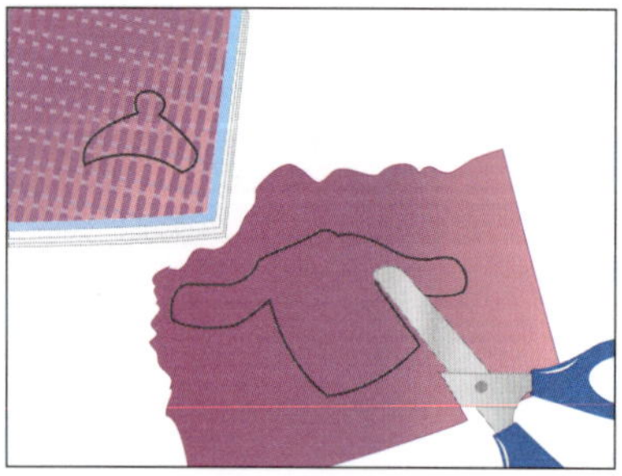

1. Decupează diverse forme de haine din pozele unor reviste vechi. Cu un creion, desenează o pălărie şi un pulover pe acele poze. Decupează din nou.

2. Lipeşte puloverul pe o foaie de hârtie albă. Desenează un cap oval deasupra cu ajutorul unei carioci albastre. Apoi, adaugă doi ochi şi o ureche.

3. Desenează gura şi părul, apoi colorează-le. Foloseşte o cariocă mai deschisă la culoare pentru mănuşile de la capătul mânecilor. Apoi, desenează o fustă şi coloreaz-o.

4. Desenează două picioare curbate. Adaugă labele picioarelor. Apoi, desenează două linii scurte şi o lamă curbată pentru fiecare dintre patine.

5. Lipeşte pălăria pe capul patinatoarei. Apoi desenează mai mulţi patinatori în acelaşi mod, inspirându-te din imaginea mai mare de sus.

6. Desenează un gard mic pe marginea heleşteului. Desenează linii curbe pentru urmele de pe gheaţă. Apoi, adaugă arborii din spatele heleşteului.

Zânele ploii

1. Cu un creion, desenează un cerc pentru capul zânei, pe hârtie albă. Desenează o rochie cu marginea de jos vălurită. Apoi, adaugă brațe, picioare și aripi, ca în imagine.

2. Desenează părul zânei, ochii și genele. Desenează-i nasul și un zâmbet larg, apoi adaugă niște buze în formă de inimă pe zâmbet. Pune-i în mână și o baghetă fermecată.

3. Desenează mai multe zâne în același fel. Adaugă niște frunze și ciupercuțe pe post de umbrele. Apoi, folosește un creion cerat ca să sugerezi picăturile de ploaie.

Poți adăuga flori, stele și alte creaturi mici în jurul zânelor.

4. Cu o pensulă, umezeşte hârtia. Apoi, pune acuarelă roz în partea de sus, astfel încât să se întindă sub efectul apei. Fă la fel cu nişte culoare galbenă.

5. Lasă culorile să se usuce. Apoi, întăreşte toate liniile de creion cu nişte carioci de diferite culori. Adaugă şi nişte modele pe rochiţele zânelor.

6. Clăteşte o pensulă subţire în apă curată. Apoi, treci cu ea peste liniile trase cu carioca şi întinde culoarea. Curăţă pensula după ce colorezi fiecare parte a zânei.

Suricatele

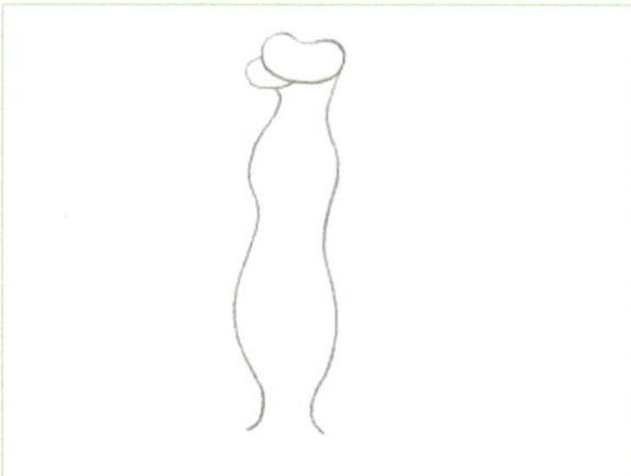

1. Pe o foaie de hârtie albă, desenează o formă de bob de fasole pentru capul suricatei. Adaugă o formă de nas. Apoi trage două linii curbe pentru corp şi picioare.

2. Desenează picioarele din spate şi coada. Apoi adaugă picioarele din faţă prin nişte curbe la mijlocul corpului. Desenează o colină şi iarbă în spatele suricatei.

3. Şterge liniile de creion din interiorul capului. Desenează nişte ovale pentru ochi şi adaugă câte un punct în interior pe post de pupile. Apoi, fă-i nas, gură şi o ureche.

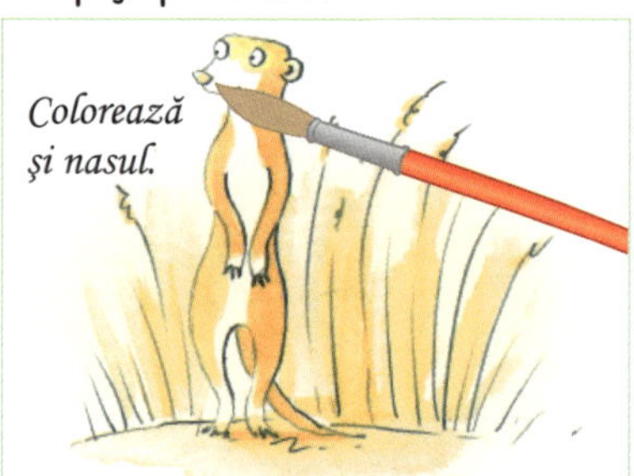

4. Cu o pensulă, pune acuarelă portocaliu-deschis în vârful capului, în părţile laterale ale corpului şi pe coadă. Pictează colina şi iarba cu galben.

5. Amestecă nişte acuarelă maro. Pictează cu ea partea din faţă a corpului şi a labelor. Colorează urechea şi adaugă nişte culoare şi în jurul ochilor.

Acest pui de suricată a fost desenat folosind aceleaşi forme ca pentru suricata matură.

Dacă vrei să realizezi un tablou, desenează mai întâi suricatele, colina şi iarba. Apoi, colorează totul cu acuarelă.

Desenează o gură mare şi neagră pentru un leu care rage.

Lei înfricoşători

1. Amestecă acuarelă galbenă cu puţină roşie pentru a obţine o culoare portocalie. Pictează un cerc pentru capul leului. Adaugă apoi gâtul şi pictează un oval pentru corp.

2. Pictează patru linii groase pentru picioare şi adaugă patru labe. Apoi, adaugă o pată de culoare pentru vârful cozii, la mică distanţă faţă de trup. Lasă acuarela să se usuce.

3. Desenează o linie pentru coadă cu un creion portocaliu. Mâzgăleşte o coamă în jurul capului. Reia procedeul cu un creion tot portocaliu, dar mai închis.

4. Folosind un pix care scrie subţire, desenează ochii şi un nas lung. Adaugă apoi gura, urechile şi mustăţile. Trasează nişte linii pe labe şi pe coadă, ca în figură.

Desenează şi o leoaică, fără coamă, desigur.

Camioane la lucru

1. Trasează uşor cu un creion forma cabinei camionului. Desenează în continuare un dreptunghi pentru spatele camionului şi adaugă două roți.

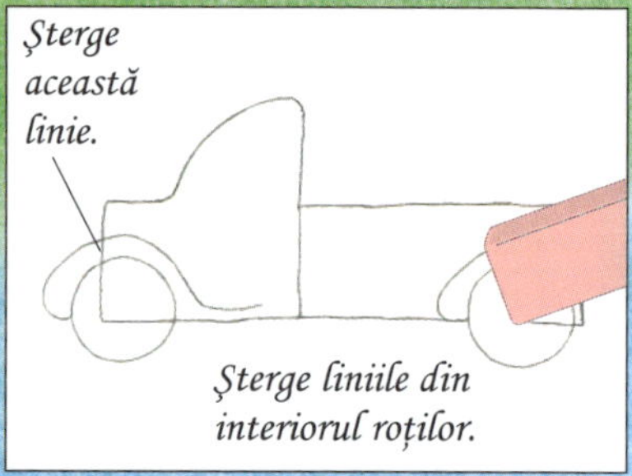

2. Pune nişte linii curbe deasupra roților pe post de apărători. Apoi, şterge liniile unde roțile şi apărătorile acoperă conturul camionului.

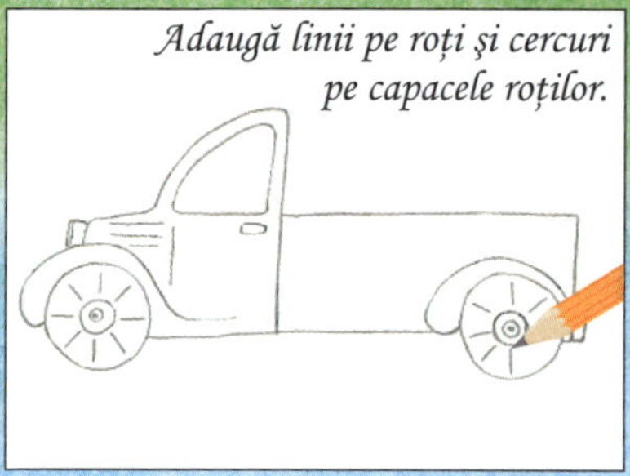

3. Desenează o fereastră, o uşă şi un far la cabină. Adaugă bara de protecție în spatele camionului. Apoi, fă un capac rotund la fiecare roată.

Pentru un camion plin cu banane, pictează o formă mare, galbenă, apoi desenează peste ea banane, cu un creion portocaliu.

Poți desena și câteva felii de pepene.

4. Desenează un şofer şi un volan la fereastra camionului. Apoi, fă o mulțime de cercuri pe post de pepeni, în spatele camionului.

5. Colorează camionul cu acuarelă de nuanță deschisă. Pictează roțile cu negru diluat. Apoi, colorează şoferul şi pepenii verzi din remorcă.

6. Când pictura s-a uscat, întăreşte toate liniile cu nişte creioane deschise la culoare. Conturează pepenii şi, totodată, spatele camionului.

Ai putea, de asemenea, să desenezi animale sau plante în camion.

Salturi de balerine

1. Cu o cariocă neagră, desenează ovalul capului balerinei. Desenează-l cam la o treime din foaia de hârtie, în partea de sus, apoi adaugă nişte bucle.

Ai putea desena balerina pe hârtie albă, roz-pal sau lila.

Foloseşte ideile de aici pentru a desena şi alte balerine dansând.

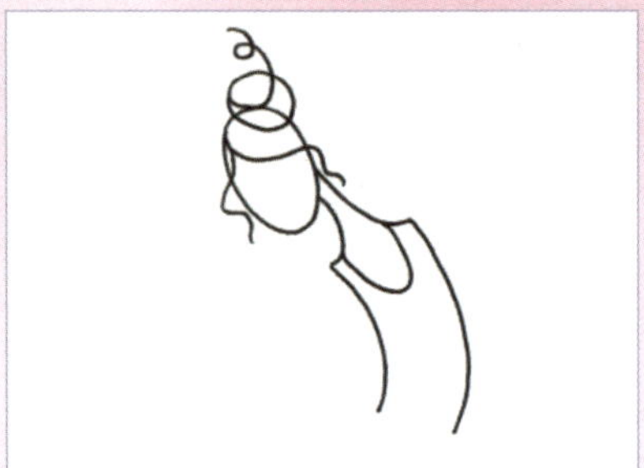

2. Desenează două linii curbe pentru gât. Uneşte-le printr-un U, pentru a marca decolteul tutuului. Apoi, desenează încă două linii curbe pentru trup.

3. Cu o cariocă roz, desenează câte un cerc pentru fiecare mânecă. Adaugă o spirală în interiorul fiecăruia. Apoi, desenează nişte linii buclate pentru fustă.

4. Înmoaie o pensulă în apă curată. Treci uşor cu pensula peste liniile roz făcute cu carioca, astfel încât să se întindă culoarea.

5. Începând din dreapta tutuului, desenează un picior îndoit, terminat cu un vârf ascuțit. Apoi, adaugă şi celălalt picior în acelaşi unghi. Desenează şi pantofii de balet cu poante.

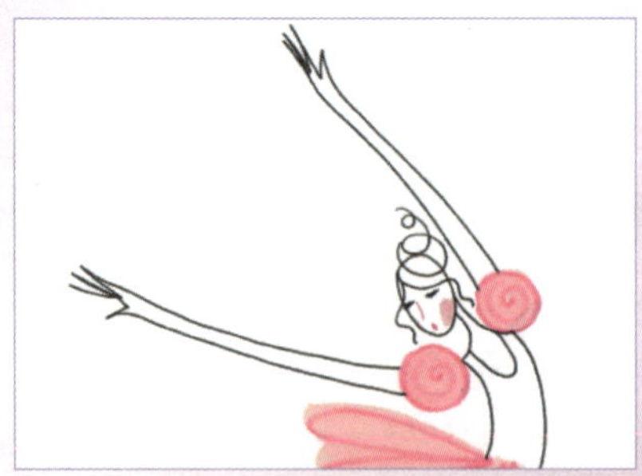

6. Desenează două brațe lungi cu degetele întinse. Adaugă două curbe negre pentru ochi. Apoi, desenează nasul, gura şi obrajii cu un creion roz.

7. Colorează tutuul cu un creion roz. Apoi, ocupă-te de pantofii de balet şi de păr. Cu un pix negru, adaugă funde în jurul picioarelor.

Poţi desena, totodată, o mulţime de inimioare în jurul balerinei.

Ursoaica şi ursuleţul

1. Pentru un ursuleţ polar, desenează un cerc pe hârtie albă. Adaugă alături un al doilea cerc. Apoi, desenează un cerc uşor mai mic la un capăt pentru a contura capul.

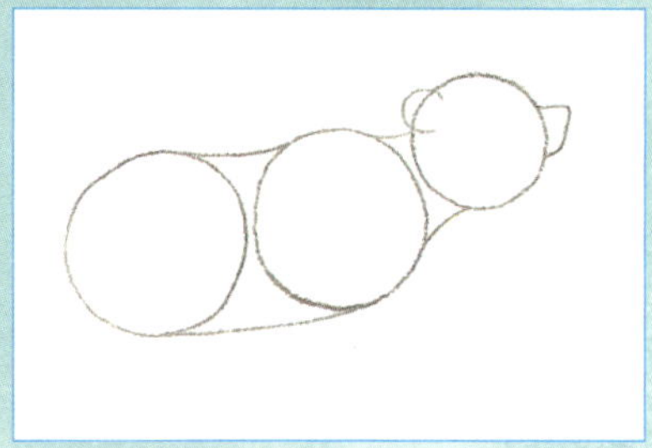

2. Uneşte cele două cercuri mari prin nişte linii curbe. Adaugă nişte linii mai mici pentru gât. Apoi, desenează urechea şi botul ursului.

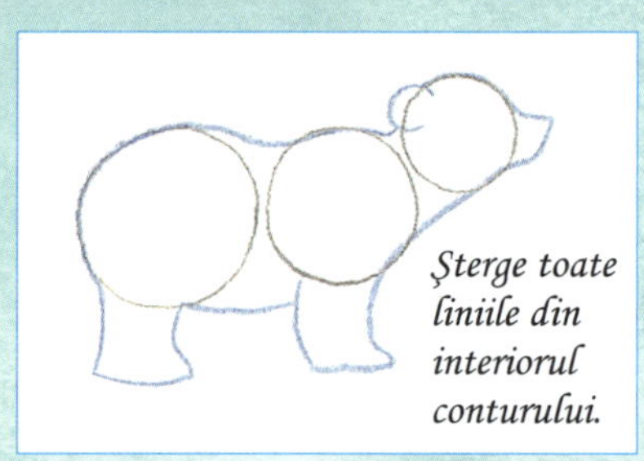

3. Desenează câte un picior care iese din fiecare cerc mai mare. Apoi, desenează conturul ursului cu un creion albastru. Şterge liniile ajutătoare de creion.

4. Desenează un cerc pentru capul ursoaicei. Adaugă un oval uşor mai mare pentru mijlocul corpului. După care, desenează un cerc şi mai mare pentru spate.

5. Desenează nişte curbe pentru corp şi gât, apoi adaugă botul şi o ureche. Treci peste forme cu un creion albastru şi şterge liniile ajutătoare de creion.

Pentru blana ursoaicei, desenează nişte linii lungi, vălurite pe corpul ei.

6. Folosind o pensulă curată, umezeşte hârtia cu apă în jurul urşilor. Pe hârtia udă, pune un strop de acuarelă bleu pe fond, pentru cer.

7. Clăteşte pensula. După care, pictează în galben-pal interiorul conturului fiecărui urs polar. Lasă hârtia să se usuce complet.

8. Cu un creion albastru, desenează feţele urşilor. Fă nişte linii scurte pe tot conturul, pentru blană. Apoi, adaugă pe tot trupul mai multă blană, cu un creion galben.

Dinozauri înotători

Încearcă să desenezi dinozauri de diferite mărimi scufundându-se împreună.

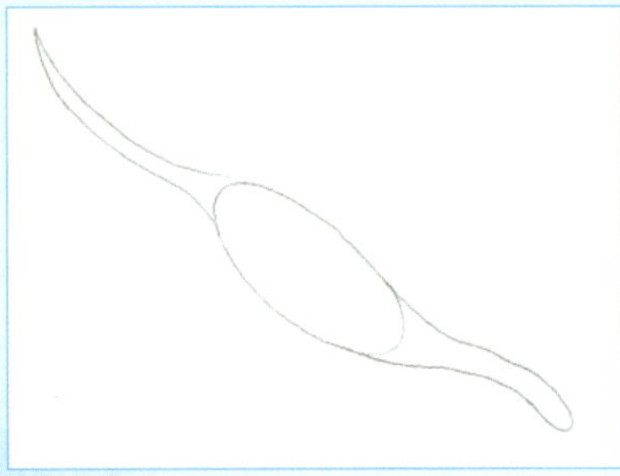

1. Cu un creion, desenează pe hârtie albă un oval lung pentru corpul dinozaurului. Adaugă un gât curbat și capul. După care, desenează coada, ascuțită la vârf.

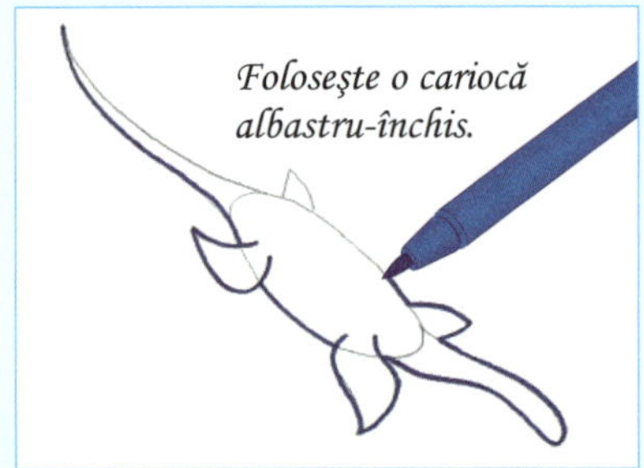

2. Adaugă câte două aripioare de fiecare parte a corpului. Apoi conturează totul cu o cariocă. Șterge liniile ajutătoare, apoi desenează și mai mulți dinozauri.

Pentru fiecare dinozaur, desenează aripioare în diferite unghiuri.

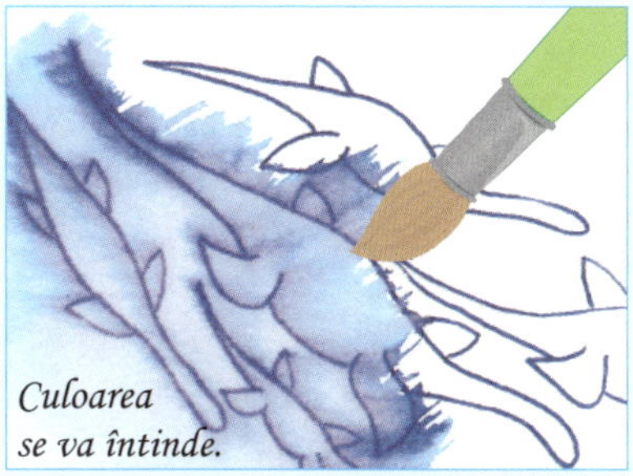

3. Înmoaie o pensulă groasă în apă curată. Trece-o pe toată suprafața hârtiei, pentru un fundal de apă. Apoi, lasă hârtia să se usuce puțin.

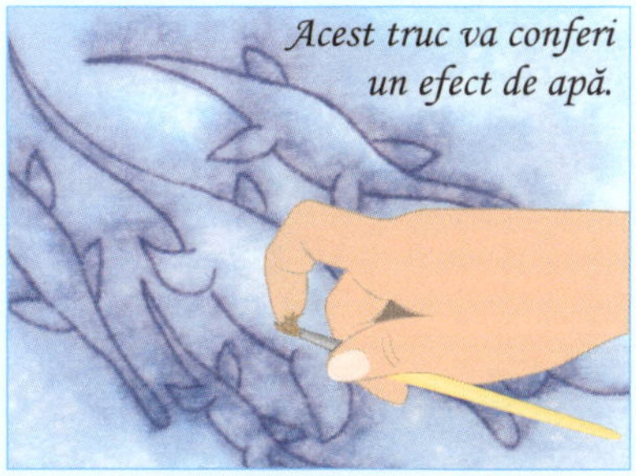

4. Cât e hârtia puțin umedă, înmoaie în apă o pensulă mai subțire. Cu un deget, trage părul pensulei astfel încât să stropești cu apă tot desenul.

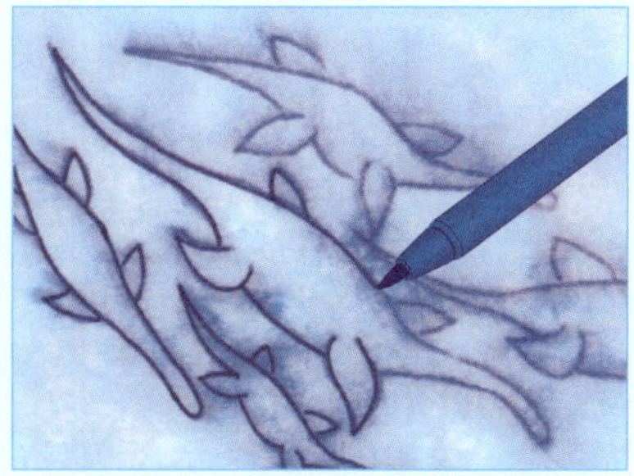

5. Lasă pictura să se usuce complet. Apoi, fă conturul fiecărui dinozaur cu o cariocă albastru-închis.

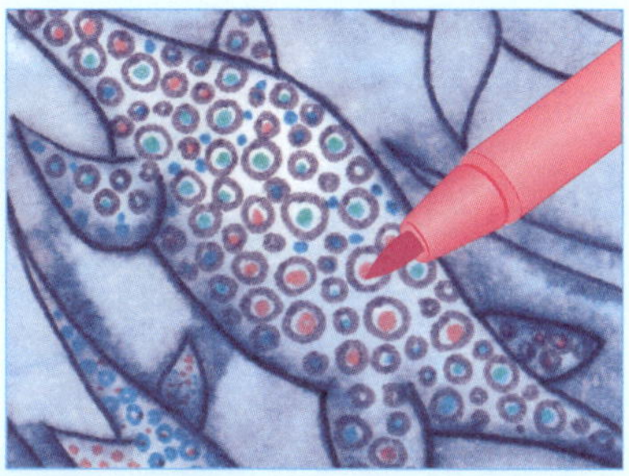

6. Foloseşte carioci de culori strălucitoare, ca purpuriu, albastru şi roz, pentru a desena cercuri pe corpul dinozaurilor. Adaugă pete luminoase în interiorul fiecărui cerc.

7. Înmoaie pensula mai subțire în apă curată. Treci cu ea peste cercuri şi pete, ca să se întindă culorile. Nu trece cu pensula şi peste conturul corpului.

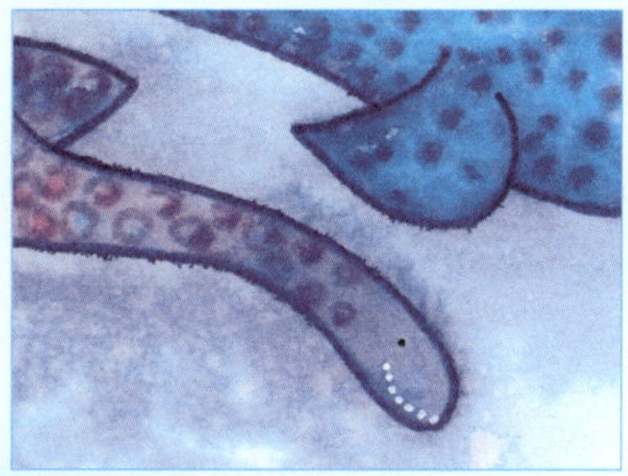

8. Lasă totul să se usuce. După care, adaugă un şir de dinți mici fiecărui dinozaur, cu acuarelă albă groasă ori cu puțină pastă corectoare. Pune un punct negru pentru ochi.

Sirene pe stânci

1. Pentru mare, pune cu o pensulă acuarelă albastră la baza hârtiei albe. Adaugă două forme de stânci deasupra. Apoi, aşteaptă să se usuce.

2. Pictează o coadă pe una dintre stânci. Pictează o formă de sutien. Apoi, adaugă o faţă rotundă, burta şi părul sirenei. Lasă totul să se usuce.

Desenează linii pe stânci, care să sugereze crăpăturile.

3. Desenează conturul sutienului şi al cozii cu un creion bleu, dar nu urmări linia cu precizie. Foloseşte o cariocă neagră ca să desenezi faţa. Apoi, contureză şi stânca.

Te poţi inspira de aici pentru a desena sirene făcând diferite lucruri.

4. Desenează un braț sprijinit de stâncă. Brațul celălalt fă-l astfel încât să pară că salută. Adaugă mulți solzi pe coadă. Apoi, desenează linii ondulate în păr.

5. Pentru o sirenă care înoată, pictează formele exact ca la pasul 2, dar aranjează-le ca în figură. Desenează-i brațele întinse înainte. Apoi, fă conturul cu carioci.

6. Desenează corpul şi coada unui peşte. Trasează conturul, apoi fă-i un ochi, gură şi aripioare. Adaugă multe valuri cu ajutorul unei carioci albastre.

Maimuțe neastâmpărate

1. Desenează o curbă pentru fruntea maimuței pe o hârtie albă. Adaugă nasul şi o ureche, apoi bărbia. Desenează blană şi în vârful capului, pe urmă fă-i ochiul şi gura.

2. Desenează două linii curbe pentru braț, apoi o mână mică. Desenează celălalt braț având la un capăt degete subțiri, ovale. Adaugă o liană de care să se prindă maimuța.

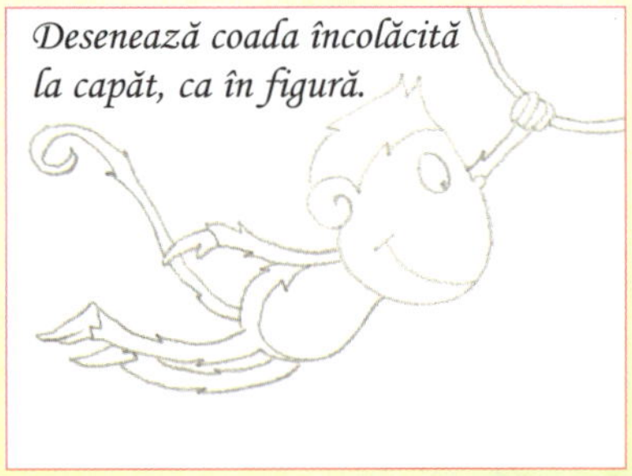

3. Fă o formă rotundă pentru burtă. Apoi, adaugă restul trupului. Desenează două picioare curbate şi labele de la picioare. Adaugă şi o coadă lungă, răsucită la capăt.

4. Colorează maimuța folosind diferite nuanțe de acuarelă maro. Când acuarela s-a uscat, întăreşte conturul de creion cu o cariocă maro.

Pentru o maimuță surprinsă, desenează gura în formă de oval.

Pentru o astfel de imagine, conturează mai întâi totul, apoi pictează. Întărește contururile după ce s-a uscat acuarela.

Poți trasa și niște linii care să sugereze mișcarea maimuței prin aer.

O maimuță șezând

1. Desenează două arcuri pentru frunte, apoi adaugă spirale pentru urechi. Desenează o bărbie mare și blană pe cap. După care, fă-i ochii, nasul și gura.

2. Desenează burta și restul corpului, două brațe și ovalele pentru degete. Adaugă picioarele și coada, apoi desenează liana ca în figură.

3. Folosește acuarelă pentru a colora maimuța și liana. Lasă totul să se usuce, apoi folosește carioci pentru a da contur peste creion.

Un camion mare şi galben

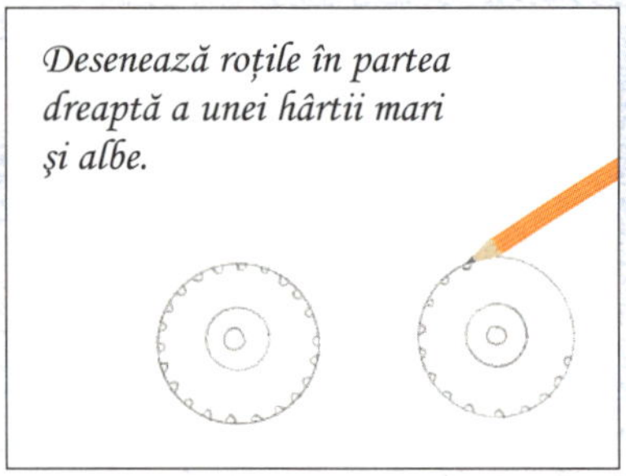

1. Cu un creion, desenează două cercuri mari pentru roţi. Trasează câte un capac pe fiecare roată. Desenează semicercuri mici pe conturul roţilor, pentru striaţii.

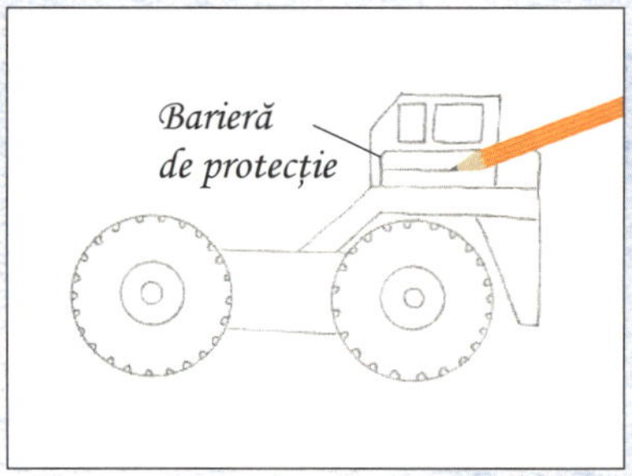

2. Trasează două linii între roţi. Apoi, desenează o apărătoare mare deasupra roţii din faţă. Desenează o cabină cu ferestre şi o barieră de protecţie.

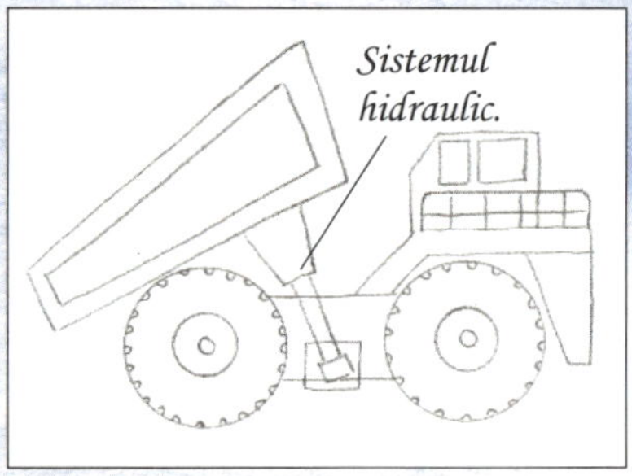

3. Pentru remorcă, fă o linie în diagonală deasupra roţii din spate. Desenează restul remorcii deasupra acestei linii, apoi adaugă sistemul hidraulic dedesubt.

Ai putea desena în fundal excavatoare şi camioane.

4. Folosind o pensulă curată, umezeşte hârtia. Apoi înmoaie pensula în acuarelă galbenă şi colorează camionul şi capacele roților.

5. Pentru roțile camionului, foloseşte acuarelă neagră diluată. Apoi, cu pensula, fă nişte nori şi vârtejuri de praf în spatele camionului, ca în figură. Lasă totul să se usuce.

6. Înmoaie o pensulă în acuarelă neagră şi stropeşte cu ea peste norii de praf, după cum se vede. Apoi, întăreşte liniile date cu creionul, folosind un pix negru care scrie subțire.

Dinozauri din amprente

1. Pune culoare verde pe o farfurie veche şi înmoaie un deget în ea. Apoi, fă urme pe hârtie, pentru a contura corpul şi capul dinozaurului.

2. Pune din nou degetul în culoare. Lasă-ţi amprenta la baza corpului dinozaurului, pentru a simboliza picioarele. Cu o pensulă, fă gâtul lung şi coada ascuţită.

3. Aşteaptă să se usuce. Apoi, lasă urme de culoare verde-închis pentru ţepii de pe spinare. Pentru petele de pe corp, lasă urme bleu.

4. Pictează ovale albe pentru ochi şi lasă-le să se usuce. Apoi, desenează conturul ochilor cu o cariocă. Adaugă pupilele şi nările şi fă conturul capului.

5. Dă contur în jurul gâtului, picioarelor, burţii şi cozii. Apoi, continuă de-a lungul spinării, drept printre ţepi. Desenează unghii la picioare.

Dinozauri din desene animate

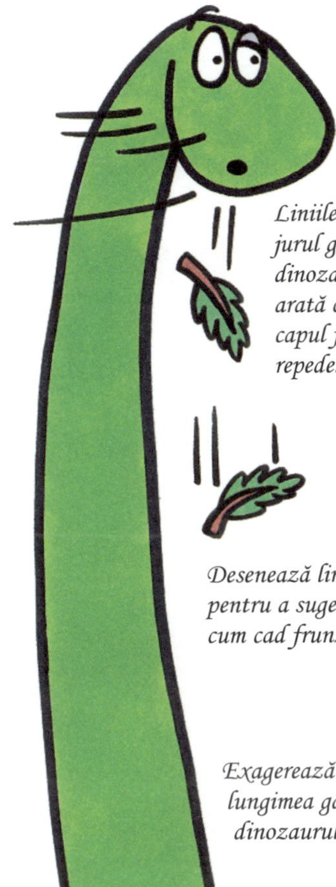

Desenează două puncte în interiorul ovalelor, pentru ochi temători.

Liniile din jurul gâtului dinozaurului arată că întoarce capul foarte repede.

Desenează linii pentru a sugera cum cad frunzele.

Exagerează lungimea gâtului dinozaurului.

Poți să adaugi cercuri pentru solzi pe spinarea dinozaurului.

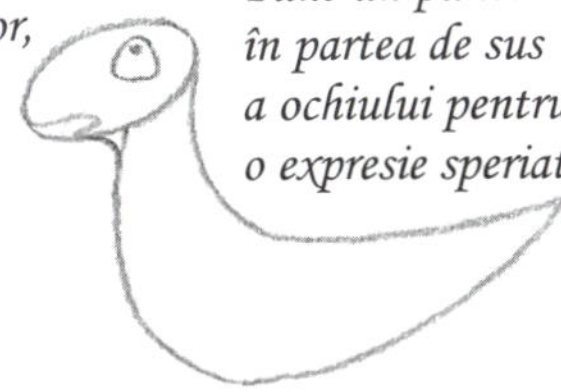

Pune un punct în partea de sus a ochiului pentru o expresie speriată.

1. Desenează un oval pe o hârtie albă pentru capul dinozaurului. Trasează o gură şi un ochi cu un punct în interior. Desenează două curbe şi fă-le să se întâlnească la coadă.

2. Desenează două linii curbe pentru un picior, apoi două mai scurte pentru laba piciorului. Desenează şi celălalt picior, apoi trasează ghearele. Fă nişte țepi de-a lungul spinării.

Desenează ochii apropiați și niște dinți ascuțiți, pentru o expresie înfricoşătoare.

Colorează dinozaurul cu niște carioci.

3. Desenează două brațe îndoite pe lângă corp, apoi schițează degetele. Întăreşte conturul cu o cariocă neagră, groasă. Apoi, şterge toate liniile ajutătoare în creion.

Desenează linii în spatele dinozaurului, pentru a arăta că fuge.

Desenează o umbră sub dinozaur pentru a sugera că sare de pe sol.

Grădina zânei florilor

1. Pentru o grădină cu zâne, taie din nişte reviste vechi imagini cu flori. Apoi, decupează diverse flori şi frunze.

2. Lipeşte florile şi frunzele pe o coală mare de hârtie. Poţi să le suprapui parţial, dar lasă loc şi pentru zâne.

Desenează o zână care zboară din floare în floare.

Dacă desenezi o zână cu braţele în aer, va arăta de parcă ar face cu mâna sau ar sări.

3.Desenează jumătate de cerc, reprezentând partea de sus a capului zânei ieşind din spatele unei flori. Trasează doi ochi şi un nas mic. Apoi, fă-i şi părul.

4. Pentru degete, desenează patru ovale în şir, ca mai sus. Fă în aşa fel, încât să acopere marginea florii, ca să pară că zâna se ţine de petală.

5. Ai putea desena o zână uitându-se din lateralul unei flori. Pur şi simplu, desenează o parte din corp – restul fiind ascuns în spatele florii.

6. Desenează mai multe zâne printre flori. Apoi, colorează-le cu grijă cu acuarele şi carioci. Dă-le contur cu o cariocă neagră.

Peisaj de ţară

1. Cu un creion, desenează cabina şi motorul tractorului pe hârtie albă. Trasează roţile, o fereastră şi ţevile de evacuare. Apoi, desenează un şofer.

2. Desenează un vagonet mic în spatele tractorului şi trasează nişte roţi. Apoi, mai desenează încă două vagonete în linie în acelaşi mod.

3. Desenează un cerc pentru coroana copacului. Trasează un trunchi şi ramuri dedesubt. Fă o scară înaltă lângă copac. Apoi, desenează un om cu un coş în spate.

Inspiră-te din acest desen pentru a desena o planşă mare.

4. Amestecă nişte culoare maro cu apă pe o farfurie veche. Pictează o formă pentru câmp. Apoi, colorează copacul cu acuarelă verde. Lasă totul să se usuce.

5. Pictează tractorul, vagonetele, trunchiul copacului şi scara cu multă acuarelă. Pictează şoferul şi omul de pe scară. Apoi, lasă totul să se usuce.

6. Desenează feţele cu un pix care scrie subţire. Fă nişte linii pe tractor cu un creion alb. Desenează linii pe câmp, fructe şi frunze în copaci.

Mlaştina cu crocodili

Pentru un crocodil care înoată, fă nişte forme pentru cap, corp şi coadă. Restul crocodilului este ascuns în apă.

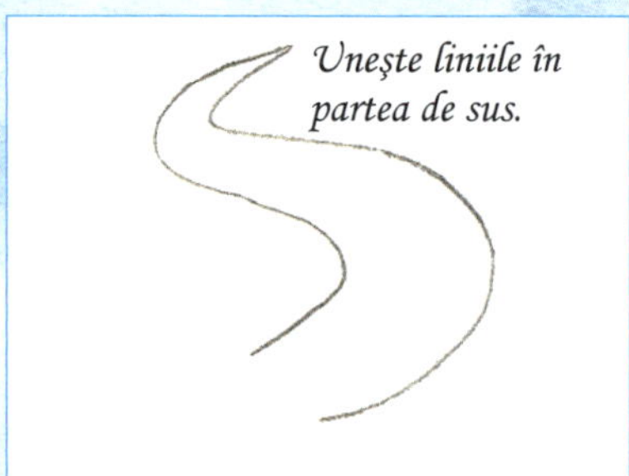

1. Folosind un creion, desenează o linie lungă şerpuită pe o hârtie albă, pentru corpul crocodilului. Apoi, mai desenează o linie alături, ca mai sus.

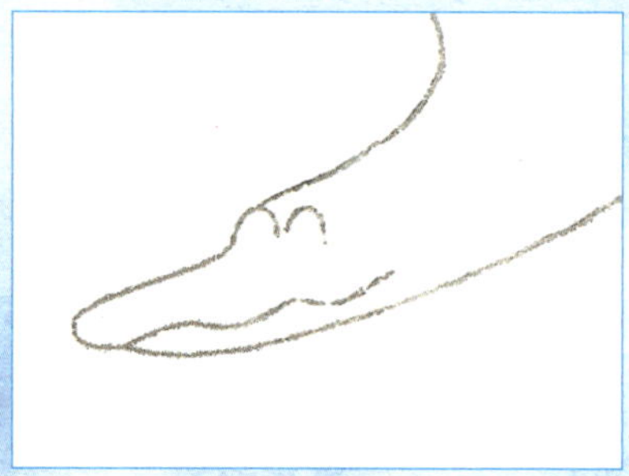

2. Desenează două arcade mici pentru ochi. Trasează un nas lung, apoi o linie ondulată pentru gură. Desenează colţii de jos ai crocodilului sub gură.

3. Desenează două picioare lângă cap, câte unul de fiecare parte a corpului. Fă-le mici şi îndesate, cu gheare ascuţite. Desenează un picior şi lângă coadă.

4. Trasează cu un pix cu pastă conturul picioarelor. Apoi, treci cu pixul peste întreg conturul crocodilului. Şterge cu grijă liniile de creion din interiorul picioarelor.

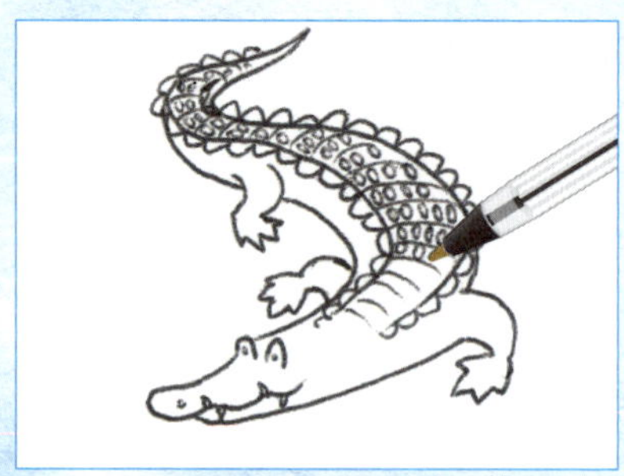

5. Desenează nişte dinţi, o nară şi puncte pentru ochi. Trasează două linii curbate pe spinarea crocodilului. Apoi, fă-i solzi pe tot corpul.

Inspiră-te din aceste pagini pentru diverse modele de solzi pe care să le desenezi pentru un crocodil.

Acest fond a fost trasat cu un pix cu pastă, apoi colorat cu acuarelă.

6. Folosește carioci în diferite nuanțe de verde, ca să colorezi solzii. Trasează, totodată, multe puncte și linii pe restul corpului crocodilului.

7. Înmoaie o pensulă în apă curată. Apoi, cu grijă, trece-o peste corpul crocodilului, astfel încât pasta de la linii și puncte să se amestece.

Lecţia de balet

1. Desenează un dreptunghi mare pentru oglindă. Trasează două linii prin mijloc pentru balustradă, numită şi bară. Apoi, desenează capul balerinei, gâtul şi un tutu ca în figură.

2. Desenează un braț care se ține de bară şi unul curbat deasupra capului. Fă un picior drept, iar pe celălalt îndoit din genunchi.

3. Desenează părul balerinei. Trasează nişte forme rotunjite pe post de tiară, în vârful capului, apoi cocul deasupra tiarei. Desenează-i, totodată, fața şi cârlionții.

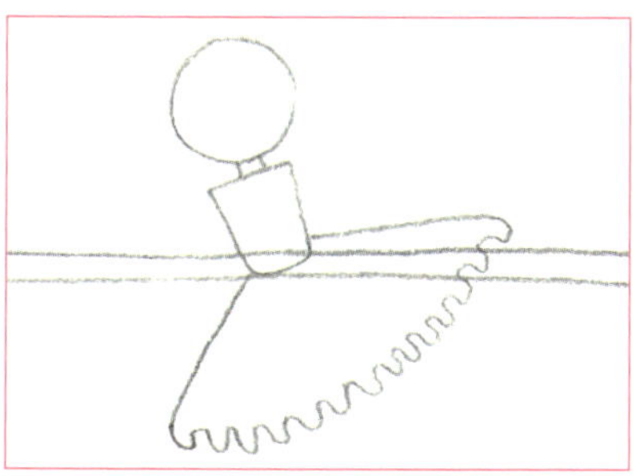

4. Pentru un dans lateral al balerinei, desenează tutuul înclinat într-o parte. Schițează fusta dedesubt, apoi desenează capul și gâtul.

5. Desenează un braț așezat deasupra barei și pe celălalt, curbat în sus. Schițează și părul de pe cap. Șterge bara acolo unde se intersectează cu balerina.

6. Desenează picioarele, apoi pantofii de balet cu poante și șnururi. Pictează balerinele cu acuarele și așteaptă să se usuce totul. Apoi, întărește contururile cu carioci.

Modele de dinozauri

Pentru o astfel de imagine, pictează un deal mare și cerul. Apoi, decupează dinozaurii și lipește-i pe coală.

1. Foloseşte un creion ca să desenezi conturul dinozaurului pe o foaie de hârtie verde. Trasează ochii, gura, ţepii de pe coadă, apoi unghiile de la picioare.

Foloseşte carioci pentru a desena ferigi şi libelule.

2. Desenează o formă de diamant în mijlocul spatelui, pentru un aspect osos. Apoi, desenează altele mai mici în ambele părţi, ca în figură.

3. Conturează liniile de creion cu o cariocă. Trasează şiruri în formă de U pentru solzi. Apoi, conturează dinţii cu pastă corectoare sau cu acuarelă albă.

4. Trasează linii lungi pe ţepii de pe şira spinării cu ajutorul unor carioci verzi. Desenează linii scurte pe solzi, pe ţepi şi pe unghiile de la picioare. Colorează o parte din solzi.

5. Pentru un dinozaur cu membrană, desenează mai multe linii curbe de-a lungul spatelui. Apoi, uneşte capetele, liniilor cu alte linii curbe, mai scurte, ca în figură.

Trasează puncte pe ţepii şi pe unghiile de la picioare.

6. Ai putea desena ţepi de-a lungul spinării unui dinozaur. Colorează ţepii şi unghiile de la picioare. Apoi, desenează multe spirale pe corpul dinozaurului.

Zâne în lumina lunii

Pictează multe puncte mici ca niște stele în jurul zânelor.

1. Decupează un triunghi dintr-un șervețel de culoare albă pentru fusta zânei. Taie văluros marginea de jos. Apoi, lipește-o pe o foaie de hârtie bleu-închis.

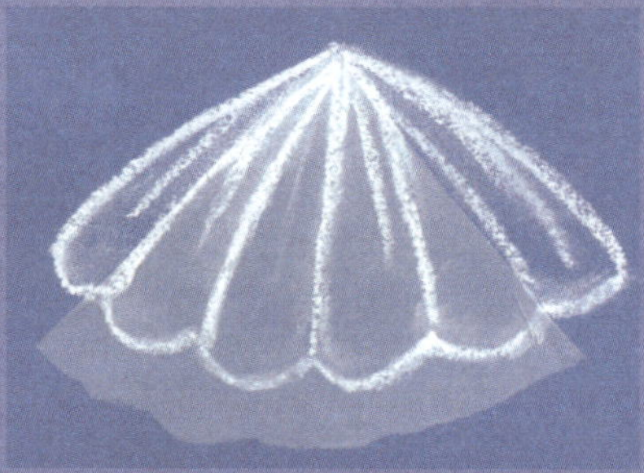

2. Folosește cretă albă sau deschisă la culoare pentru a desena primul strat al fustei, care să se afle deasupra celui din hârtie. Trasează niște linii pentru pliurile rochiei.

3. Taie o altă bucată de șervețel, pentru corp, și lipește-o pe coală. Apoi, folosește cretă albă ca să desenezi aripile zânei de fiecare parte a corpului.

4. Ca să pară transparente aripile și fusta, trasează apăsat cu o cretă niște linii, apoi întinde-le cu degetul. Întărește conturul din nou și trasează linii albe în interiorul formelor.

5. Folosind o pensulă subțire, pictează capul zânei și gâtul. Pictează două linii drepte pentru brațe. Apoi, pictează mai multe linii șerpuite care să reprezinte părul.

Pentru o lună strălucitoare, desenează un cerc cu cretă și întinde culoarea puțin cu degetul. Apoi, pictează mijlocul cu galben.

6. Desenează o linie cu cretă albă pentru bagheta zânei. Apoi, pictează mai multe linii mici galbene care ies din capătul baghetei, pentru stea.

7. Lasă acuarela să se usuce complet. Apoi, desenează ochii, nasul şi buzele zânei cu carioci. Pictează-i şi nişte ovale mici roz pe obraji.

Dacă reprezinți zânele din unghiuri diferite, atunci va părea că zboară.

La săniuş

Şterge liniile acolo unde copacii se intersectează cu linia ondulată.

1. Cu un creion, desenează o linie lungă, şerpuitoare, pe o coală albă, reprezentând dealuri. Apoi, desenează nişte copaci de formă triunghiulară de-a lungul liniei.

2. Ca să desenezi o fată care trage o sanie, fă un cerc pentru cap. Trasează trupul, braţele şi mâinile, apoi picioarele şi labele de la picioare, după cum se vede.

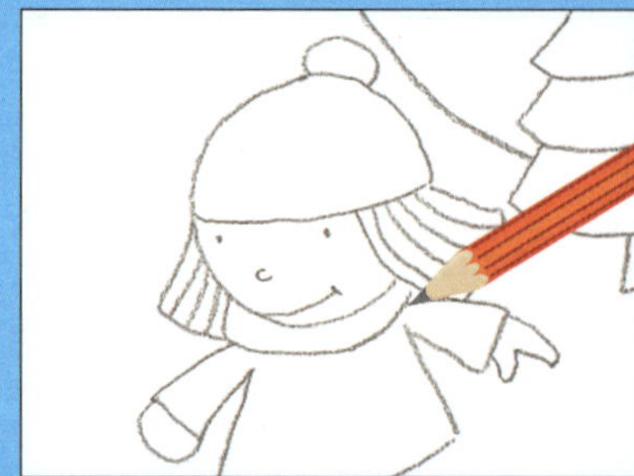

3. Desenează o căciulă pe capul fetei, apoi fă-i părul. Desenează-i ochii, nasul şi gura. Pe urmă, trasează o linie în jurul gâtului pentru eşarfă.

4. Desenează o săniuţă chiar lângă piciorul fetei. Trasează o linie curbată în partea din faţă. Apoi, trasează nişte linii care să unească săniuţa cu mâna ei.

5. Desenează locul în care se stă şi spaţiul pentru picioare din săniuţă. Apoi, desenează nişte dungi pe hainele fetei. Totodată, schiţează buzunare şi nasturi la haină.

Inspiră-te din această poză ca să faci propriul desen .

Ai putea să desenezi un băiat care face un om de zăpadă.

6. Colorează fata și sania cu multe carioci de culori diferite. Apoi, fă conturul cu un pix negru care scrie subțire.

7. Pentru a desena un copil pe sanie, trasează un cap rotund, apoi trupul, brațele și picioarele. Desenează două ovale pentru picioare, așezate în față, ca mai sus.

8. Desenează forma saniei. Trasează o linie pentru marginea din față, apoi alte linii pe orizontală. Trasează în față niște linii curbate, pentru șinele saniei.

9. Desenează o căciulă și urechile. Desenează părul ieșind de sub căciulă de fiecare parte a capului. Trasează ochii, nasul și gura. Apoi, colorează desenul.

Un tractor roşu

Poţi desena o remorcă în spatele tractorului.

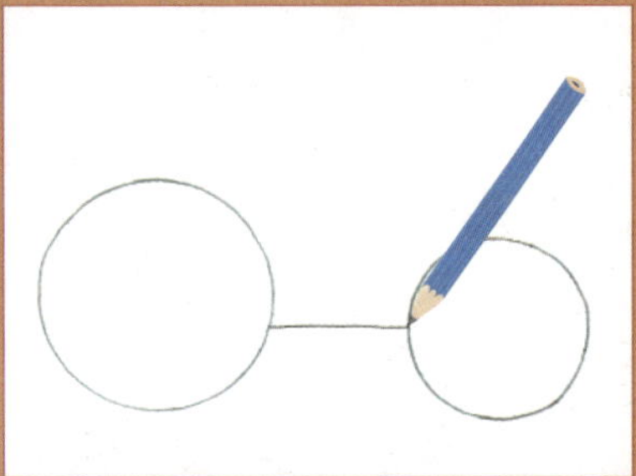

1. Cu un creion, desenează pe foaia de hârtie albă un cerc mare pentru roata din spate. Trasează un cerc mai mic pentru roata din faţă. Apoi, uneşte roţile printr-o linie.

2. Desenează cabina tractorului şi motorul deasupra roţilor. Trasează apărătoarea roţii din spate. Apoi, schiţează două ferestre şi o scăriţă.

Încearcă, totodată, să desenezi iepuri, flori şi pietricele pe deal.

Şterge linia din interiorul fiecărui semicerc.

3. Desenează un capac rotund la fiecare roată. Apoi, desenează multe semicercuri mici de jur-împrejurul roţii, pentru striaţii. Schiţează ţeava de evacuare a motorului.

4. Colorează bine carcasa tractorului cu acuarelă roşie. Pictează roţile şi ţeava de evacuare, apoi scăriţa şi capacele roţilor.

5. Lasă acuarela să se usuce. Trasează apoi conturul cu un pix negru. Desenează linii curbe pentru apărătoarea roţii şi schiţează o bordură deasupra scăriţei.

Pentru o imagine ca aceasta, desenează un tractor, apoi trasează o linie pentru deal. Colorează totul cu tempera.

6. Desenează o uşă la fereastra din faţă. Fă rame la ambele ferestre. Apoi, desenează fanta de aerisire, grătarul radiatorului şi ţeava de eşapament.

7. Pentru striaţiile roţilor, desenează o formă neagră curbată pornind de la fiecare jumătate de cerculeţ. Apoi, fă cerculeţe şi bolţuri pe capacele roţilor.

8. Cu un creion, desenează un şofer la fereastra din faţă. Contureză toate liniile cu un pix negru care scrie subţire. Apoi, colorează şoferul cu nişte carioci.

Micuțele prințese

1. Folosind un creion, desenează un cerc pentru capul prințesei. Trasează fața și urechile. Apoi, desenează corpul și fusta. Schițează niște forme mici pentru pantofi.

2. Pentru păr, trasează niște linii pe cap. Fă un cerc deasupra fiecărei urechi. Apoi, desenează mânecile bufante ale rochiei. Schițează brațele și mâinile.

3. Desenează o coroană, apoi adaugă un model și dantelă la rochie. Colorează prințesa cu acuarele. Apoi, trasează conturul cu o cariocă neagră.

4. Pentru o prințesă care trage cu ochiul din spatele unei tufe de trandafiri, desenează capul și rochia ușor înclinate. Fă-i și brațele în același unghi.

5. Desenează conturul tufei, astfel încât să se suprapună cu fusta și brațul prințesei. Apoi, șterge părțile din fustă și braț care sunt acoperite de tufă.

6. Desenează cercuri pe tufă pentru trandafiri. Trasează o spirală în fiecare. Colorează cu acuarele. Când s-a uscat, întărește conturul cu un pix.

Pentru un heleșteu ca acesta, desenează mai întâi conturul, apoi iarbă, frunze de nuferi, pești și o bărcuță, și apucă-te de colorat.

Desenează o prințesă care culege flori.

Încearcă să desenezi diferite modele de coronițe și tiare.

Oile săltărețe

1. Apăsând uşor, desenează cu ajutorul unui creion purpuriu un cerc pentru corpul oii pe o hârtie roz. Desenează capul, apoi urechile şi picioarele.

2. Desenează multe spirale mari pe tot corpul oii, pentru lâna cârlionțată. Trasează o spirală deasupra picioarelor din spate, pentru coadă.

3. Cu un creion închis la culoare, desenează un V pentru nas şi o gură formată din două curbe, puțin mai jos. Desenează două ovale pentru ochi, cu puncte în interior pentru pupile.

4. Foloseşte cretă albă sau pastelată pentru a colora corpul şi coada. Apoi, întinde puțin creta cu degetul, pentru atenuarea marginilor.

5. Colorează capul, urechile şi picioarele cu puțină cretă purpurie, apoi întinde-o uşor. Adaugă alb în interiorul ochilor şi puncte roz pe obraji.

6. Foloseşte cretă galbenă ca să trasezi o linie pe sub burtă şi coadă. Treci cu degetul peste liniile galbene, ca să se amestece cu creta albă.

Ai putea desena o oaie care numără oile săltărețe.

Dealul, luna şi stelele din imagine au fost desenate după oi, apoi colorate cu cretă.

Tractor în zăpadă

Pentru un peisaj de iarnă, desenează dealurile cu arbori crescând pe ele.

Desenează iepuri prin zăpadă şi păsări în copaci.

Apasă uşor cu creionul când desenezi.

1. Desenează cabina şi motorul tractorului. Apoi cele două roţi, apărătoarea, o fereastră şi ţevile de eşapament. Trasează nişte linii şerpuite pentru urmele din spatele tractorului.

2. Cu pensula, umezeşte tractorul, dar nu şi fereastra. Pune un strop de acuarelă pe tractor. Aşteaptă să se usuce. Trasează conturul cu un pix subţire şi desenează şoferul.

Scutură uşor sclipiciul suplimentar.

3. Pentru urme lucioase, amestecă puţin zahăr cu puţin sclipici. Cu pensula, pune lipici pe urmele de tractor, apoi presară amestecul cu sclipici deasupra lor.

Ai putea desena un câine în spatele tractorului.

Camioane-monstru

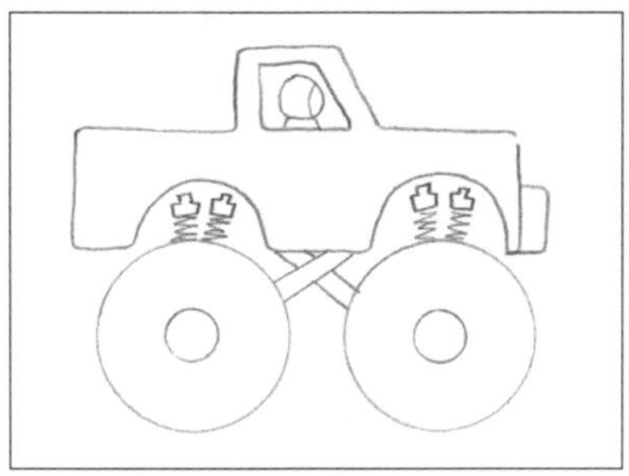

1. Desenează un camion cu o cabină în vârf și trasează arcurile roții jos. Adaugă o bară de protecție, apoi desenează două roți gigantice, cu niște capace în mijloc.

2. Desenează o fereastră și un șofer în interior. Apoi, desenează două amortizoare deasupra fiecărei roți. Fă niște linii pentru grinda transversală de sub camion.

3. Desenează farurile și un steag. Apoi, fă un model pe camion și colorează-l cu niște carioci. Dă contur cu o cariocă neagră.

Desenează diferite forme de camioane, apoi fă niște modele pe ele, ca mai jos.

Desenează nori de praf cu o cariocă neagră.

Pentru a imagine înfricoşătoare ca aceasta de mai sus, desenează nişte sprâncene încruntate deasupra ochilor.

Dinozauri din urme de cartof

1. Taie un cartof în două. Apoi pune o lavetă de bucătărie pe o farfurie veche. Folosind o lingură veche, pune un strat gros de culoare pe lavetă.

2. Presează partea netedă a unei jumătăţi de cartof în acuarelă. Apasă ferm pe o bucată de hârtie, apoi ridică jumătatea de cartof. Lasă culoarea să se usuce.

3. Foloseşte un creion verde obişnuit sau unul cerat ca să desenezi gâtul. Apoi, pictează albul ochiului. Când s-a uscat, fă conturul cu un creion cerat negru.

Pentru un dinozaur ca cel de mai jos, pictează un nas ascuţit şi desenează o membrană.

Obrajii roz ai dinozaurilor au fost făcuţi cu nişte cretă de un roz-deschis.

Desenează spirale în ochii unui dinozaur, ca să pară amețit.

Poți desena puncte și dungi pe dinozauri cu niște creioane obișnuite sau cerate.

4. Pentru un dinozaur cu o gură mare, fă o primă imprimare. Întoarce cartoful și imprimă-l din nou, perpendicular pe prima imprimare. Pictează gura și dinții.

Suprapune parțial imprimările.

5. Pentru un dinozaur cu gura deschisă, taie o jumătate de cartof în două. Folosește o bucată ca să imprimi falca de jos. Apoi imprimă și falca de sus.

6. Poți să folosești bucata mai mică de cartof și pentru a imprima un cap ca acesta. Desenează o gură deasupra marginii drepte de jos.

Pentru o imagine cu mulți dinozauri, imprimă întâi capetele cu ajutorul cartofilor. Desenează-le gâturile și fă conturul după ce s-a uscat acuarela.

Prințesa din poveste

Poți desena niște fluturi și libelule în jurul prințesei.

Acești nori au fost desenați cu un creion cerat alb, iar cerul a fost pictat peste ei.

Desenează niște iarbă și papură în jurul heleșteului.

Pentru o scenă mare ca aceasta, desenează prințesa și broasca, apoi heleșteul.

1. Cu un creion verde, trasează două ovale pentru fusta prințesei. Adaugă o curbă purpurie între ele. Apoi, desenează corpul, mânecile și pantofii.

2. Desenează gâtul prințesei, fața și părul cu un creion obișnuit. Folosește creioane pastelate pentru coroană, pentru brațe și pentru floarea din mâinile ei.

3. Folosește creioane cerate de culoare verde, portocaliu și roz, ca să faci modelul de pe fustă. Apoi, desenează linii roz pe păr și două cerculețe în obraji.

4. Amestecă acuarelă purpurie cu apă. Apoi, colorează corpul, mânecile și anumite părți din fustă. Colorează restul cu alte nuanțe de acuarelă.

5. Pictează fața, brațele, pantofii și coronița, apoi părul. Când s-a uscat acuarela, conturează ochii, nasul, gura și fusta.

6. Pentru prinț, trasează conturul unui broscoi. Desenează fața și o coroană, apoi, folosind creioane cerate, fă-i pete verzi pe corp și roz în obraji. Desenează și o frunză de nufăr.

7. Pictează broasca și frunza de nufăr folosind diverse nuanțe de acuarelă. După ce s-a uscat, conturează din nou liniile trasate cu creionul cerat și cu cel obișnuit.

Hora zânelor din hârtie

Pentru o horă mai mare, lipește două lanțuri de zâne laolaltă.

1. Ia o foaie de hârtie subțire. Pliaz-o pe jumătate, astfel încât să se suprapună marginile mai mici. Apoi, împătureşte din nou hârtia pe jumătate. Presează hârtia pliată foarte bine.

2. Desenează o formă pentru părul zânei pe hârtia pliată. Apoi, trasează-i brațele, astfel încât să atingă marginile laterale ale hârtiei. Desenează şi rochia.

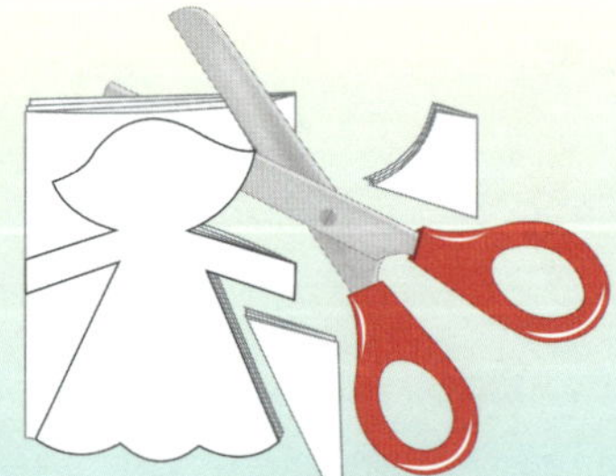

3. Taie de jur-împrejurul desenului, dar nu tăia acolo unde ai pliat şi unde se află capătul brațului. Apoi, cu grijă, despătureşte hârtia pentru a crea un lanț de patru zâne.

Încearcă să faci diferite modele cu ajutorul unor hârtii decupate și al unui pix auriu.

Poți decupa o stea din staniol, în loc de coroană.

Decupează și coroane din staniol, apoi lipește-le.

4. Colorează părul și mâinile zânelor cu niște carioci. Apoi, desenează patru fețe pe o altă hârtie. Decupează-le și lipește-le pe zâne.

5. Decupează niște benzi cu modele din reviste vechi și lipește-le pe rochii. Apoi, desenează modele pe rochii cu niște carioci.

6. Împăturește o folie de staniol de bucătărie cum ai procedat la pasul 1. Desenează un set de aripi pe staniol. Decupează-le, apoi lipește-le pe spatele zânelor.

Imprimă reni

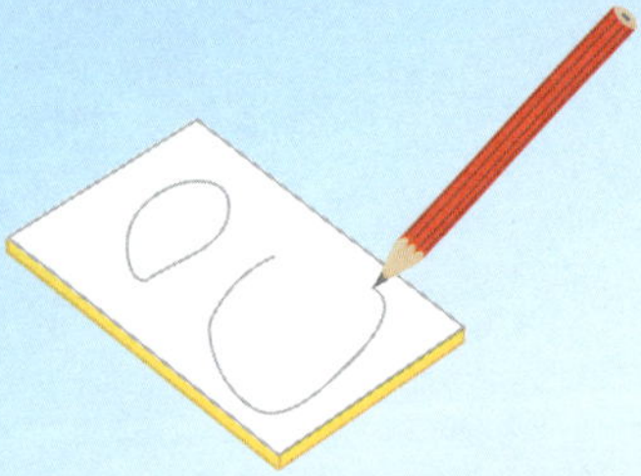

1. Lipeşte o bucată de lavetă de bucătărie pe un carton subţire. Desenează formele pentru corpul şi capul renului pe carton.

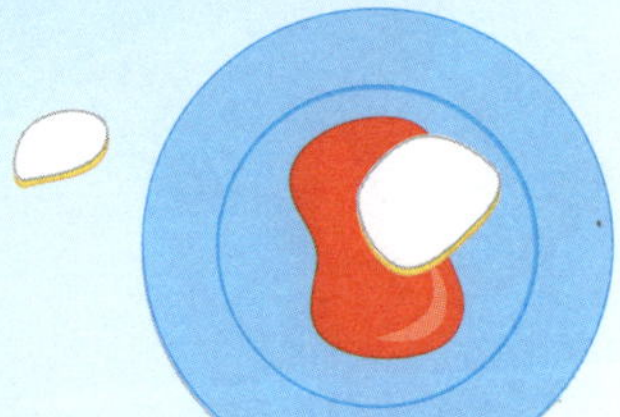

2. Folosind foarfeca, decupează cu grijă ambele forme. Apoi, împrăştie nişte acuarelă roşie groasă pe o farfurie veche. Înmoaie forma corpului în culoare.

3. Pentru a imprima corpul, apasă laveta înmuiată în acuarelă pe o foaie de hârtie. Apoi, înmoaie forma capului în culoare. Imprimă-l lipit de corp, ca în imagine.

Poţi imprima o mulţime de reni pe o foaie mare de hârtie.

Foloseşte multe nuanţe deschise.

Pune amprente digitale pentru fulgii de zăpadă.

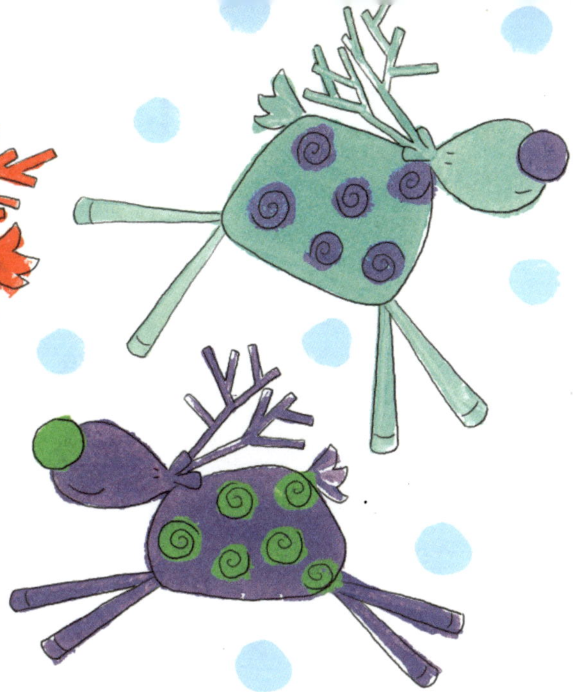

Încearcă să imprimi formele în diferite unghiuri, pentru a reprezenta reni alergând sau sărind.

4. Pentru a imprima picioarele renului, decupează un dreptunghi dintr-un carton gros. Înmoaie o margine în acuarelă, apoi imprimă patru picioare în partea de jos a corpului.

5. Înmoaie cartonul din nou în acuarelă. Imprimă două linii pe cap pentru coarne. Apoi, imprimă două linii scurte cu o bucată mai mică de carton.

6. Imprimă mai multe linii scurte pe coarne. Adaugă trei linii și la coadă. Apoi, imprimă urechile, răsucind puțin cartonul.

7. Întinde niște acuarelă bleu-deschis pe o farfurie. Apoi, înmoaie degetul în culoare. Imprimă mai multe pete pe corp și una pe nas.

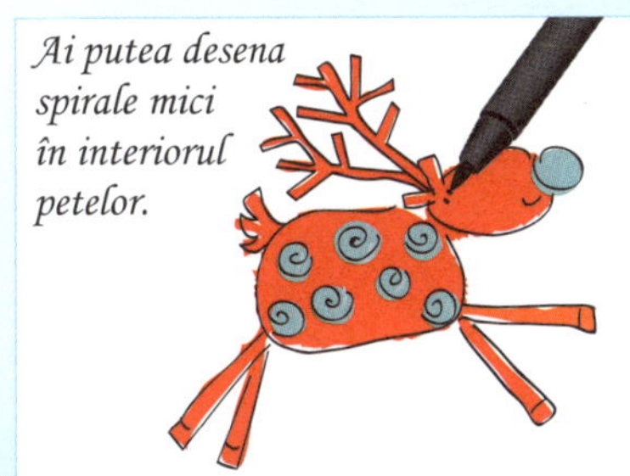

8. Când s-a uscat acuarela, trasează conturul renului cu o cariocă neagră care scrie subțire. Desenează apoi gura, niște linii pentru copite și două puncte pentru ochi.

Petrecerea dinozaurilor

Desenează nasul în formă de cioc.

1. Cu un creion, desenează un nas şi o gură, apoi falca de jos. Fă o membrană vălurită în spatele capului. Apoi, schițează ochii şi sprâncenele.

Al patrulea picior e ascuns în spatele corpului.

2. Lângă cap, desenează o formă de corp gras, cu o coadă ascuțită. Apoi, desenează două picioare în fața corpului şi unul aproape de coadă.

Desenează baloane şi cadouri pentru a sugera o petrecere.

Uită-te la această pagină pentru idei de alți dinozauri pe care i-ai putea picta.

3. Cu o pensulă, umezeşte hârtia pe care ai desenat dinozaurul. Pune culoare pe dinozaur, în aşa fel încât să se întindă. Apoi, pune mai mulți stropi de culoare pe burtă şi coadă.

Desenează cerculețe pe membrană şi unghii la picioare.

4. Când s-a uscat totul, fă conturul capului cu o cariocă neagră. Apoi, conturează fața şi corpul dinozaurului.

5. Foloseşte un creion roşu sau cretă pastelată pentru a trasa o linie curbă pe corpul dinozaurului. Desenează mai multe astfel de dungi pe corp, pe coadă şi pe picioare.

Creta pastelată creează nişte modele mai luminoase decât creioanele.

Încearcă să pictezi o pată de culoare pală sub dinozaur pentru umbră.

Mai multe idei

Desenează pălării de petrecere pe capul dinozaurilor. De pildă, fă o pălărie în formă de con. Apoi, trasează nişte linii scurte pentru a face un ciucure în vârful pălăriei.

Ca să pui o trâmbiță de petrecere în gura unui dinozaur, desenează o spirală, ca în figură. Trasează mici linii curbe în jurul ei, pentru a sugera că se mişcă.

Ai putea desena o fundă legată în jurul gâtului dinozaurului. Desenează două bucle pentru părțile laterale, un nod la mijloc şi lasă capetele să atârne.

Strălucitorul brad de Crăciun

1. Cu un creion verde cerat deschis la culoare, desenează un brad pe hârtie albă. Fă un trunchi mic, un vas şi o stea în vârf. Apoi, o linie pentru podea.

2. Desenează nişte cadouri sub brad. Apoi, foloseşte un creion cerat alb, pentru a desena multe steluţe în pom. Adaugă nişte puncte în brad.

3. Amestecă multă acuarelă galbenă, apoi dă fondul cu o pensulă. Liniile şi formele date cu creionul cerat vor rezista. Lasă apoi totul să se usuce.

4. Folosind o pensulă, dă cu acuarelă roz pe pom, pe cadouri şi pe podea. Cât este încă udă hârtia, dă şi cu galben, şi cu portocaliu pe brad. Colorează şi steluţa.

5. Când s-a uscat pictura, desenează decoraţiuni mari, rotunde, cu acuarelă albă sau cu pastă corectoare. Fă şi bastonaşe de acadele. Lasă totul să se usuce.

6. Desenează nişte inimioare cu un creion roşu. Folosind o cariocă roşie, desenează funde pe unele decoraţiuni. Trasează şi linii pe bastonaşe.

7. Foloseşte o pensulă şi dă cu lipici alb pe decoraţiunile mari albe, iar apoi împrăştie sclipici peste ele. Fă nişte puncte de lipici pe stea, iar apoi împrăştie nişte sclipici.

8. Conturează decoraţiunile cu un creion roz-deschis. Trasează câte o agăţătoare deasupra fiecăreia şi colorează-le cu un creion de un roz şi mai pal.

9. Pentru a face pomul şi mai strălucitor, adaugă puncte mici de lipici alb. Presează paiete strălucitoare sau mărgele pe fiecare strop de lipici.

Pentru a obține acest efect, pictează în jurul stelei cu auriu.

Ai putea, de asemenea, să desenezi decorații în formă de stea cu un pix argintiu sau cu lipici strălucitor.

Colaj: cursa cu tractoare

1. Desenează un dreptunghi pe o foaie de hârtie roşie pentru un tractor. Trasează o linie curbă în colţul din dreapta sus. Decupează această formă ca în figură.

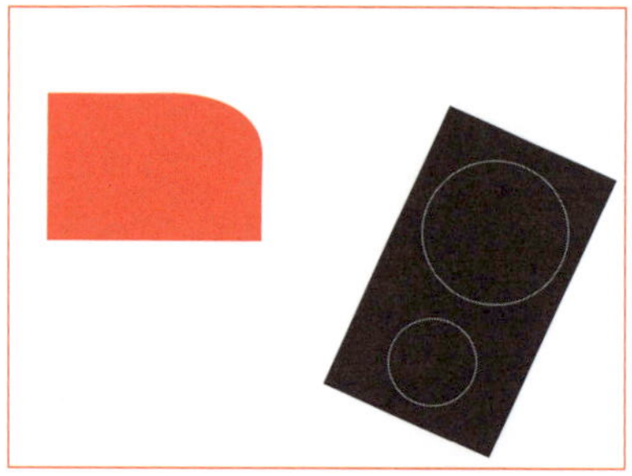

2. Lipeşte forma pe o hârtie albă. Apoi, desenează o roată mare şi una mică pe hârtie neagră. Decupează ambele roţi.

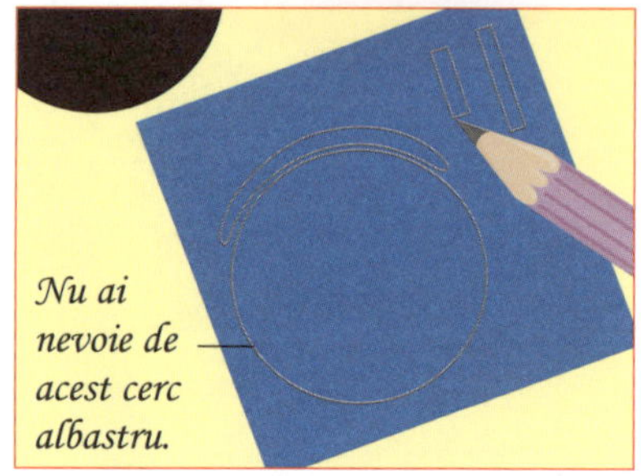

3. Desenează conturul roţii mari pe o hârtie albastră. Schiţează o apărătoare şi două ţevi de eşapament. Decupează şi lipeşte apărătoarea şi ţevile.

4. Desenează un scaun și două capace de roți pe hârtie roșie. Desenează și farul, dar pe hârtie galbenă. Apoi, decupează formele și lipește-le la locul lor.

5. Cu un creion, desenează o oaie care conduce tractorul. Schițează volanul, apoi fă conturul cu o cariocă neagră. Colorează și oaia cu niște carioci.

6. Desenează grătarul de la radiator, fantele de aerisire și niturile. Schițează bolțuri pe capacele roților și linii ondulate, pentru fum. Adaugă și alte tractoare.

Zâna Prună-de-Zahăr

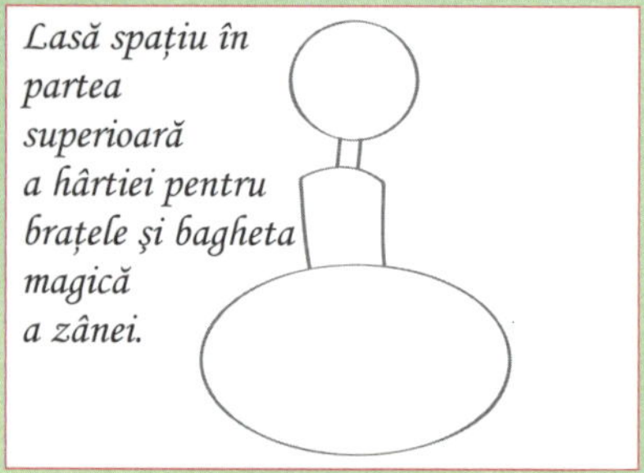

1. Pentru a desena zâna, schițează capul pe hârtie groasă albă. Fă gâtul și trunchiul. Apoi, desenează un oval pentru primul strat al fustei.

2. Desenează părul, apoi chipul, două brațe curbate și o baghetă. Desenează două picioare, care ies puțin de sub fustă. Apoi, fă aripile.

3. Amestecă niște acuarelă roz și dă fondul peste balerină. Liniile trasate în creion ar trebui să rămână vizibile. Apoi, lasă totul să se usuce.

4. Amestecă niște acuarelă groasă, pentru a picta pielea balerinei. Colorează-i fața, brațele și partea de sus a corpului. Folosește tot acuarelă groasă pentru ochi, păr și aripi.

5. Decupează un oval dintr-un șervețel de culoare roz sau mov, având cam aceeași mărime ca și fusta. Lipește-l pe hârtie astfel încât să depășească partea de sus a picioarelor.

6. Decupează o bandă dintr-un șervețel roz, pentru stratul superior al fustei. Strânge hârtia la un capăt, apoi lipește cu lipici acest capăt în jurul mijlocului balerinei.

7. Decupează un body mic din hârtie roz. Taie-l în formă de V în partea de sus. Apoi, lipește-l astfel încât să depășească marginea încrețită a fustei.

8. Desenează genele, nasul, obrajii și buzele balerinei cu niște creioane. Folosește carioci pentru a desena pantofiorii cu poante și fundele din jurul picioarelor.

9. Dă cu lipici pe bagheta magică și în jurul mijlocului. Presară sclipici pe amândouă. Când s-a uscat lipiciul, scutură surplusul de sclipici.

Zâna Prună-de-Zahăr apare într-un balet intitulat „Spărgătorul de nuci“ (de Ceaikovski). Ea trăiește în Împărăția Dulciurilor.

Zâna Prună-de-Zahăr din această poză a fost decupată și lipită pe o scenă pictată.

Ai putea picta dulciuri de jur-împrejurul balerinei.

Modele de fulgi de zăpadă

Vită-te la modelele de fulgi de zăpadă de aici, ca să te inspiri.

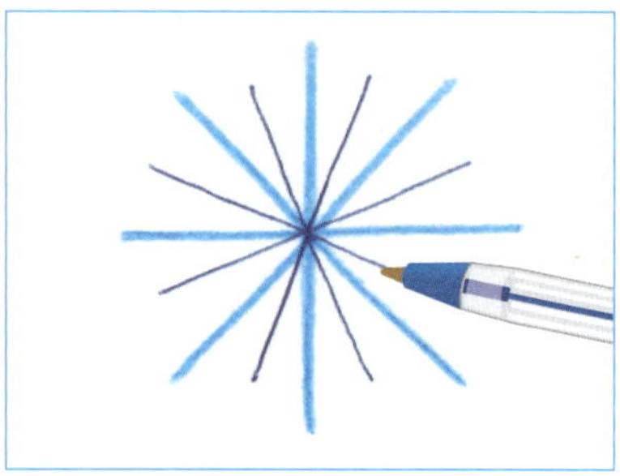

1. Foloseşte un creion albastru pentru a desena patru linii încrucişate la mijloc. Apoi, trasează alte patru linii între ele cu un pix albastru.

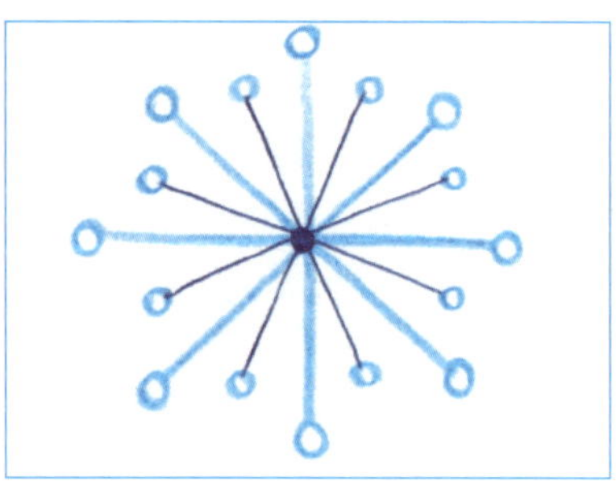

2. Desenează cu pixul un cerc în mijlocul fulgului de zăpadă, apoi colorează-l. Fă câte un mic cerc la capătul fiecărei linii cu un creion bleu.

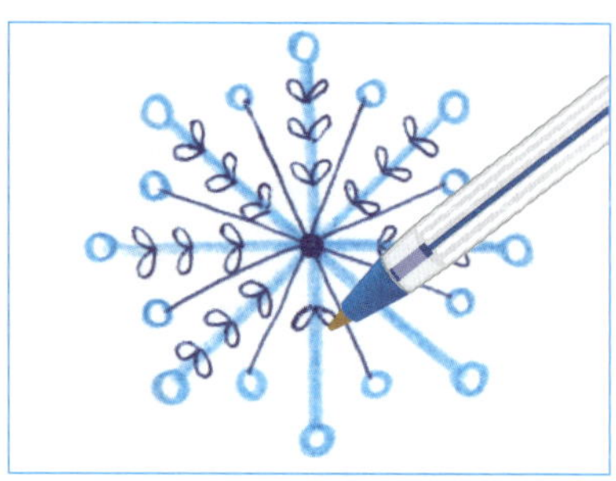

3. Desenează modele mici în formă de frunză de-a lungul liniilor trasate cu creionul. S-ar putea să ți se pară mai uşor dacă răsuceşti hârtia pe măsură ce desenezi.

Omul de zăpadă

1. Folosind cretă albă, fă un cerc pe hârtie albastră, pentru cap. Colorează-l, apoi adaugă un cerc mai mare dedesubt. Fă o linie vălurită și colorează dedesubt.

2. Punctează cu creta în jurul omului de zăpadă, pentru a simboliza fulgii. Freacă marginile desenului cu vârful degetului, ca să întinzi creta. Apoi, fă același lucru cu fulgii.

3. Așază pe desen o bucată de hârtie, ca să nu se întindă creta. Cu un creion negru, desenează puncte pentru ochi, gură și nasturi.

4. Folosind un creion roșu, desenează un nas în formă de morcov. Adaugă o eșarfă în jurul gâtului. Colorează-le apoi în dungi portocalii și roșii.

Tyranosaurus rex

Fondul acesta a fost pictat după ce au fost desenați dinozaurii.

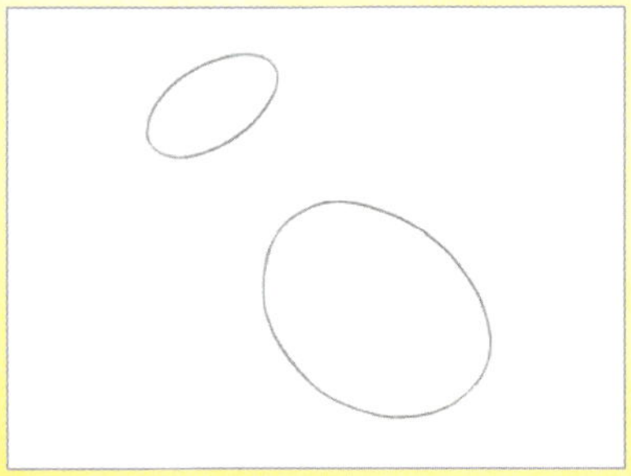

1. Folosind un creion, desenează un oval pe hârtie albă, pentru capul dinozaurului. Apoi, fă un oval mai mare pentru corpul lui. Desenează-l sub cap, la un anumit unghi.

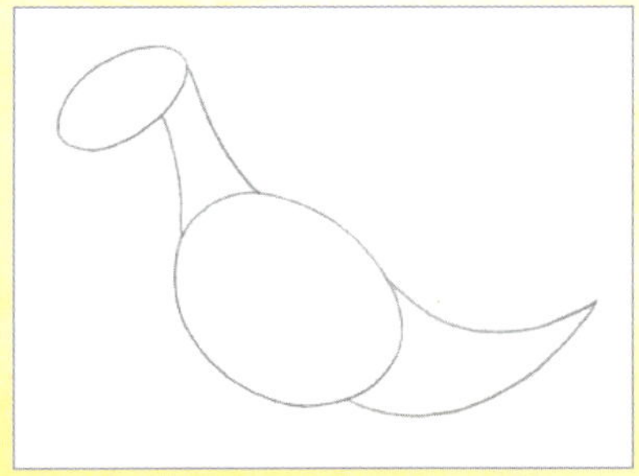

2. Pentru gât, desenează două linii curbe care unesc capul de trunchi. Apoi, fă o coadă cu un vârf ascuțit, curbată în spate.

Pentru un dinozaur care se apleacă, desenează ovalele pentru corp și pentru cap în linie dreaptă.

3. Schițează două brațe scurte cu gheare. Desenează ovale pentru partea de sus a picioarelor. Trasează partea de jos a picioarelor și adaugă apoi ghearele.

4. Folosește un creion cerat alb pentru a face dinții. Adaugă pete pe cap, trup și picioare. Ele sunt reprezentate aici cu galben, ca să le poți vedea.

5. Amestecă niște acuarelă purpurie. Colorează dinozaurul, dar nu și burta. Acolo dă cu acuarelă verde. Apoi, pictează brațele cu purpuriu.

6. Lasă acuarela să se usuce. Apoi, trage o linie deasupra dinților cu un creion purpuriu. Conturează brațele și restul corpului.

7. Desenează un zigzag purpuriu de-a lungul părții de jos a dinților. Apoi, trasează o linie curbă cu un punct dedesubt pentru ochi. Adaugă un punct și o linie pentru nară.

Acest fond a fost pictat cu acuarele. Sirenele au fost decupate și lipite după ce s-a uscat pictura.

Perla pe care o ține această sirenă a fost desenată cu un creion cerat, apoi a fost pictată.

Încearcă să desenezi sirene cu brațele și cozile în diferite poziții.

Sirene ce înoată

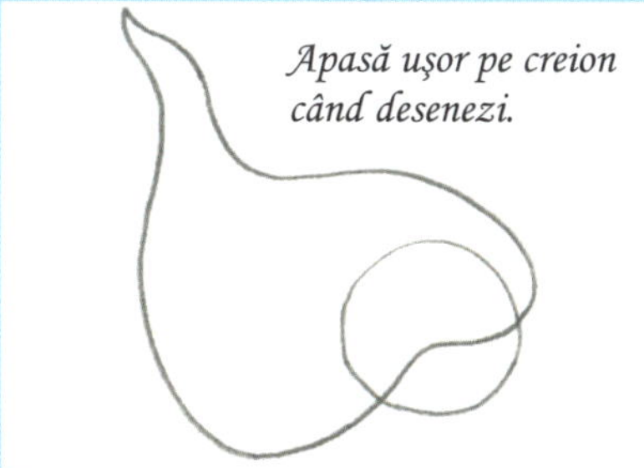

Apasă uşor pe creion când desenezi.

1. Aproape de baza hârtiei albe, desenează un cerc pentru capul sirenei. Apoi, desenează o formă mare, vălurită, intersectată parțial cu conturul capului, pentru păr.

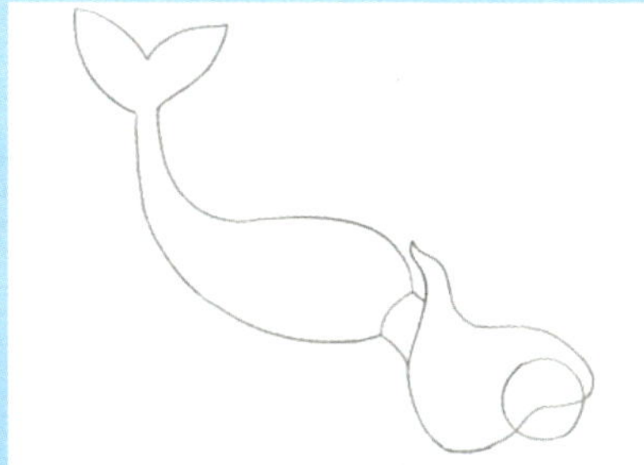

2. Pentru corpul sirenei, trasează două linii curbe scurte, care ies din spatele părului. Apoi, desenează o coadă uşor curbată în sus față de trup, ca în figură.

Apasă tare când faci conturul.

3. Foloseşte un creion cerat alb pentru a desena solzii de pe coadă şi liniile ondulate din păr. Acestea sunt reprezentate aici cu galben, ca să le poți vedea.

4. Amestecă nişte acuarelă lichidă pentru a picta pielea sirenei. Cu o pensulă, colorează corpul şi fața. Desenează două brațe întinse în față.

Liniile trase cu acest creion cerat rezistă şi după aplicarea acuarelei.

5. Amestecă nişte acuarelă purpurie cu apă. Apoi, pictează coada sirenei. Amestecă nişte acuarelă portocalie şi colorează părul cu ea.

6. Când s-a uscat totul, foloseşte carioci ca să trasezi fața sirenei. Desenează două linii curbe pentru ochi, un nas mic şi o gură curbată.

Ai putea picta scoici şi peşti pe care să-i lipeşti pe desen.

Pentru a realiza efectul de mai jos, stropeşte cu albastru-închis pe fondul albastru cât e încă ud.

Girafe înalte

Ai putea desena o insectă care zboară în jurul girafei.

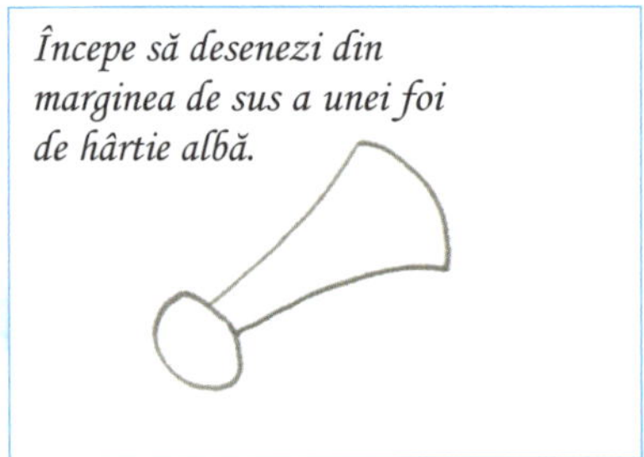

Începe să desenezi din marginea de sus a unei foi de hârtie albă.

1. Cu un creion, fă un oval pentru nasul girafei. Trasează două linii curbe care ies din oval, apoi desenează o curbă pentru partea de sus a capului.

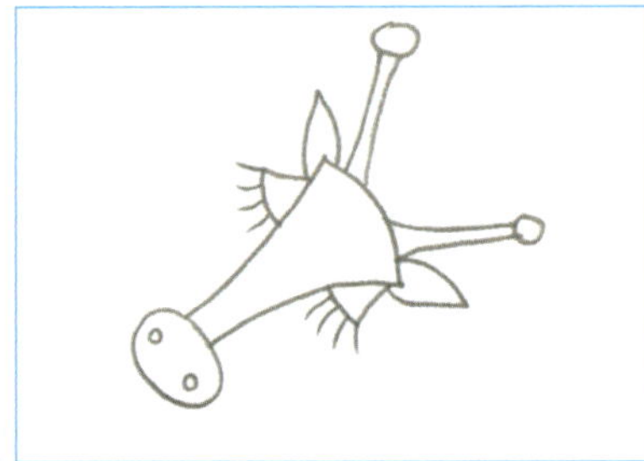

2. Desenează două urechi, apoi adaugă două triunghiuri sub ele, pentru ochi. Schițează genele şi nările. Apoi, desenează coarnele în vârful capului girafei.

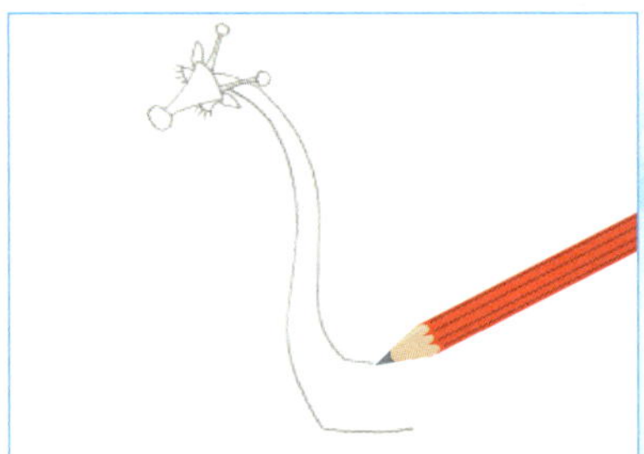

3. Trasează o linie lungă curbată şi una puțin mai scurtă pentru gâtul girafei. Adaugă o linie pentru burtă. Apoi, desenează şi restul corpului.

4. Schițează patru picioare lungi sub corp. Fă-le mai subțiri sus şi mai late jos, ca în figură. Apoi, desenează o coadă îndreptată în sus.

5. Cu un creion cerat de un portocaliu-deschis, desenează cercuri mici pe corpul girafei. Apoi, desenează iarbă în jurul picioarelor cu un creion cerat verde.

Desenul cu creioanele cerate rezistă şi după aplicarea acuarelei.

6. Colorează girafa şi iarba cu acuarelă. Apoi, când s-a uscat totul, întăreşte liniile trasate cu creionul folosind un pix negru care scrie subțire.

Pentru o girafă care se întinde ca să mănânce frunze, desenează capul cu fața în sus, ca aici.

Ai putea desena, de asemenea, o girafă cu gâtul curbat în jos.

Colaj: tortul zânei

Inspiră-te din această poză pentru a împodobi zânele şi tortul.

1. Decupează un dreptunghi dintr-un şervețel de hârtie, pentru blatul de jos al tortului. Lipeşte-l pe o coală. Apoi, tot aşa decupează celelalte straturi şi lipeşte-le şi pe ele.

2. Cu o cariocă neagră cu vârf subțire, desenează marginile fiecărui strat. Împodobeşte straturile cu modele diferite, precum cercuri, inimioare şi linii ondulate.

3. Desenează suporturi de lumânări pe unele straturi. Apoi, decupează lumânări din şervețele de hârtie şi lipeşte-le. Desenează flăcări cu o cariocă aurie.

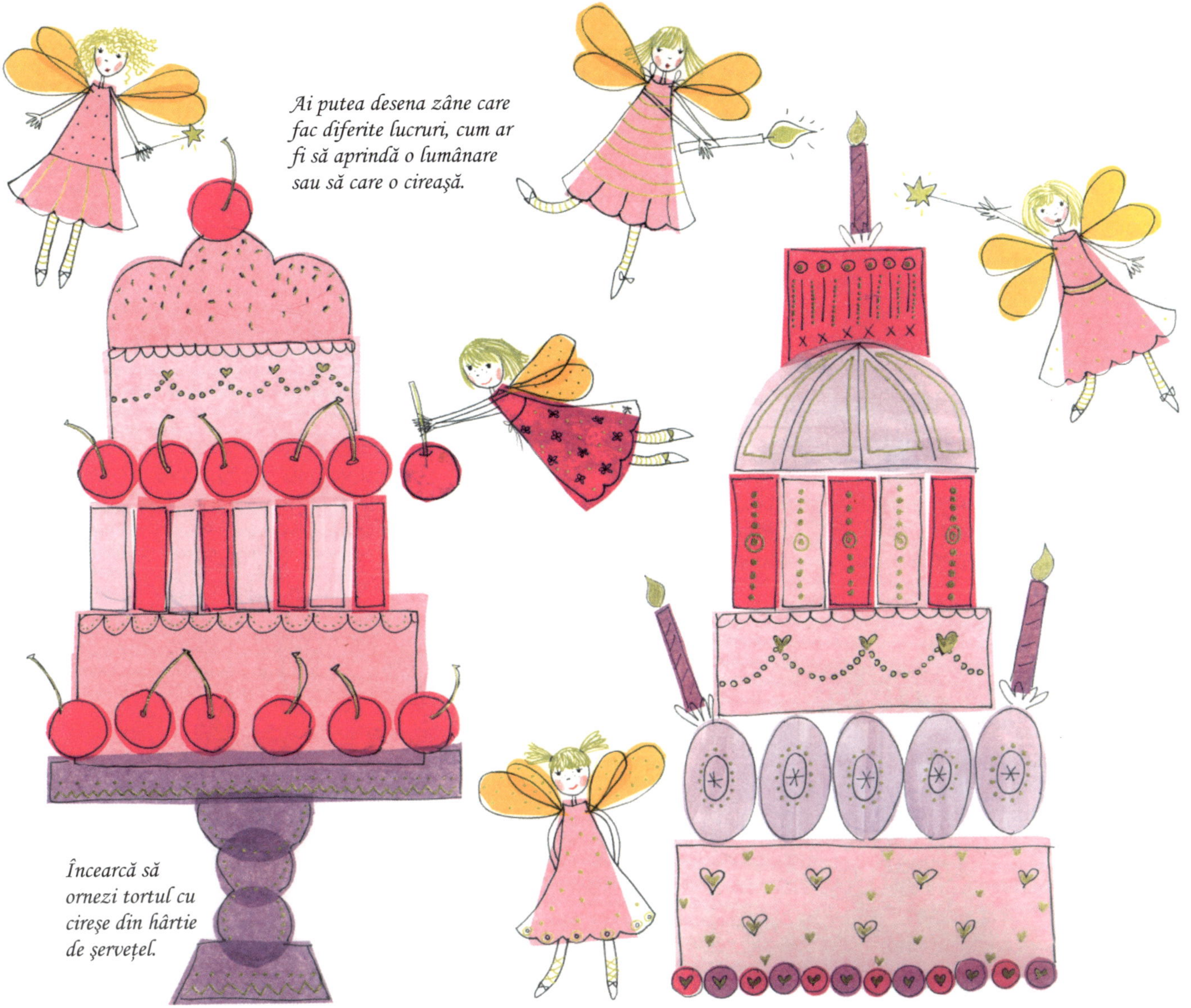

Ai putea desena zâne care fac diferite lucruri, cum ar fi să aprindă o lumânare sau să care o cireaşă.

Încearcă să ornezi tortul cu cireşe din hârtie de şervețel.

4. Decupează rochia zânei din şervețele de hârtie. Lipeşte-o lângă tort. Apoi, decupează două perechi de aripi şi lipeşte-le lângă rochie.

Desenează o linie ondulată pe marginea de jos a rochiei.

5. Foloseşte un pix negru care scrie subțire, pentru a face conturul rochiei şi al aripilor. Trasează brațele şi picioarele zânei. Apoi, contureazâ gâtul şi fă o curbă pentru cap.

6. Foloseşte un pix auriu ca să desenezi părul zânei. Desenează-i fața şi apoi fă o baghetă magică. Coloreaz-o cu pixul auriu, apoi fă modele pe rochie şi pe picioare.

Fermă în plină activitate

1. Apăsând ușor, desenează roata mare a unui tractor pe o foaie mare de hârtie albă. Trasează capacul de la roată și apărătoarea. Apoi, schițează și roata mai mică.

2. Începând din vârful apărătoarei, desenează partea din față a tractorului. Apoi, schițează țeava de eșapament și grătarul radiatorului, ca aici.

3. Desenează un fermier care stă deasupra apărătoarei, ținând volanul. Schițează conturul feței, dar nu desena încă ochii sau gura.

4. Pentru puii de găină, desenează jumătăți de cercuri. Schițează pene la un capăt al formelor, pentru coadă. Apoi, desenează mai multe pene pentru aripi.

5. În partea de sus a colii, desenează un hambar cu vârf ascuțit. Fă-i acoperișul, ușile și o fereastră, apoi o încuietoare și multe scânduri. Schițează un gard viu și alte animale.

6. Întărește liniile trasate în creion, folosind niște carioci. Apoi, schițează niște curbe pe roți, pentru striuri. Fă cercuri pe capacele de la roți, pentru bolțuri.

7. Pentru a colora tractorul, înmoaie o pensulă curată în apă. Treci cu ea peste contur, pentru a întinde culoarea. Apoi, colorează și celelalte părți ale imaginii.

8. Lasă culoarea să se usuce. Apoi, desenează fața fermierului cu niște carioci cu vârf subțire. Poți adăuga și alte detalii ale puilor și celorlalte animale.

9. Pentru fond, colorează toate spațiile albe cu acuarelă maro. Lasă o bordură albă în jurul fiecărei imagini, după cum vezi aici.

Pictează soarele și cerul.
Ai putea s-o desenezi și pe soția fermierului.
Trasează niște linii curbate pentru fum.

Prinţese dansatoare

Inspiră-te din această imagine ca să desenezi prinţese care dansează şi stau în diferite poziţii.

1. Folosind un creion, trasează un dreptunghi pe hârtie albă, pentru partea de sus a rochiei prinţesei. Schiţează gâtul deasupra, apoi capul.

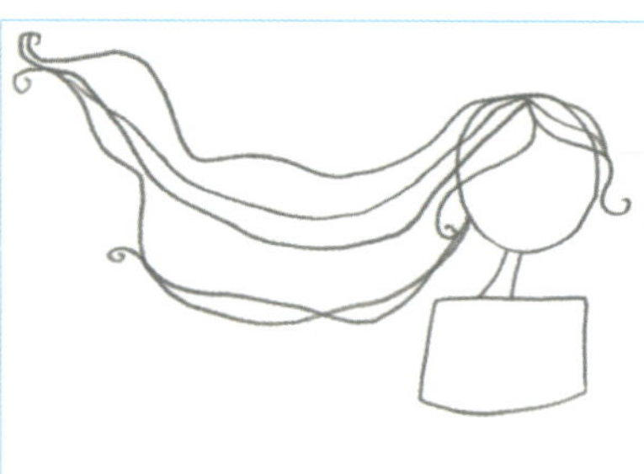

2. Desenează două linii curbe pentru cărarea de păr, apoi trasează linii ondulate la capătul lor. Desenează un păr lung care flutură în spatele ei.

3. Desenează o coroană mică pe capul prinţesei. Schiţează câte o formă de fiecare parte a gâtului, pentru guler. Fă-i apoi ochii, nasul şi buzele.

4. Trasează o mânecă ridicată în lateral, iar pe cealaltă, căzând în josul corpului. Apoi, schiţează mâinile prinţesei.

Ai putea decora fondul din jurul prințeselor cu puncte mici și colorate.

Folosește acuarelă bleu foarte diluată, pentru a picta umbrele prințeselor care dansează.

5. Desenează o fustă cu capătul de jos curbat. Fă și doi pantofi mici. Apoi un cordon în jurul mijlocului, o fundă și niște panglici care atârnă în lateral.

6. Colorează rochia cu acuarelă. Amestecă niște culoare pentru a picta pielea, apoi colorează fața, gâtul și mâinile. Pictează părul, coronița, pantofii și cordonul.

7. Împodobește rochia, cordonul și funda cu inimioare și puncte colorate. Când s-a uscat totul, întărește liniile în creion cu o cariocă neagră.

Rechinii înfometați

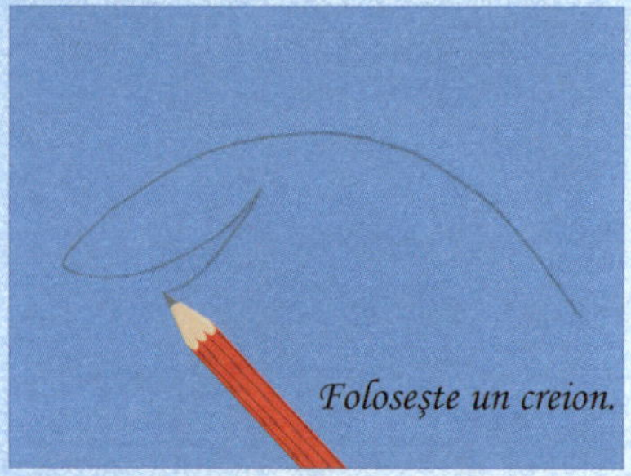

1. Desenează o linie curbată lungă pentru partea superioară a corpului, pe o hârtie albastră. Apoi, trasează două linii curbe mai scurte, pentru o gură zâmbitoare.

2. Desenează o linie curbată pentru partea inferioară a corpului. Apoi, trasează două triunghiuri la capătul corpului pentru coadă, așa cum se vede.

3. Desenează o aripioară în partea de sus a corpului, apoi încă una în partea de jos, chiar dacă se suprapune cu linia corpului. Șterge această linie ulterior.

4. Întărește liniile de creion cu un pix negru, subțire. Desenează un ochi și o nară, apoi niște dinți ascuțiți. Schițează și branhiile pe corp.

5. Amestecă niște acuarelă bleu. Îngroașă cu ea conturul rechinului. Apoi, pictează marea din jurul rechinului cu un albastru mai închis.

6. Când s-a uscat acuarela, folosește cretă albă sau pastelată și colorează mijlocul corpului și aripioarele. Întinde creta puțin cu degetele.

Pentru o imagine ca aceasta, desenează mulți rechini pe o bucată mare de hârtie. Pictează rechinii și marea, apoi, după ce s-a uscat totul, adaugă detalii cu creta.

Aceşti peştişori au fost făcuţi cu creta, apoi unii au fost conturaţi cu un pix negru.

Desenează trei linii scurte, să pară că rechinul ţine ochii închişi.

Poţi desena un rechin cu gura închisă.

Copaci ninşi

1. Foloseşte o cariocă albastră pentru a desena un trunchi de copac pe o foaie de hârtie albă. Schiţează ramuri care ies din trunchi. Desenează şi mici ramificaţii pe ramuri.

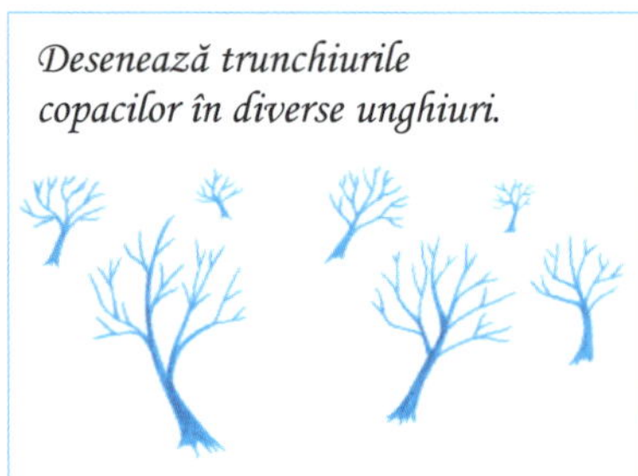

2. Desenează mai mulţi copaci, pe cei mari în josul paginii, iar pe cei mici în partea de sus. Cei mici vor părea că se află departe.

3. Desenează brazi verzi trasând linii în zigzag printre ceilalţi copaci. Adaugă o linie scurtă reprezentând trunchiul. Apoi, completează spaţiile goale cu copaci mov.

4. Cu un creion cerat alb, pune mai multe puncte, pe toată hârtia, pentru zăpadă. Punctele sunt reprezentate aici cu galben, ca să poţi să le vezi.

5. Cu un creion, desenează dealuri deasupra copacilor. Apoi, amestecă nişte acuarelă bleu. Colorează dealurile şi pictează o umbră sub fiecare copac.

Pictează un zigzag bleu, pentru un drum înzăpezit.

Ai putea, de asemenea, să desenezi animale în zăpadă, printre copaci.

6. Când s-a uscat totul, amestecă nişte acuarelă de un albastru mai închis la culoare, pentru a picta cerul, ca în figură. Apoi, lasă pictura să se usuce complet.

7. Înmoaie o pensulă curată în apă. Apoi, cu grijă, treci cu ea, printr-o mişcare rotundă, peste vârful fiecărui copac. Apa va face ca fiecare culoare a copacului să se întindă.

8. Dă cu apă peste toţi ceilalţi copaci bleu. Apoi, clăteşte bine pensula. Procedează la fel cu cei verzi şi purpurii.

Index

LOTS OF THINGS TO DRAW
Fotografii de Howard Allman • Prelucrarea fotografiilor de John Russell şi Nick Wakeford • Florile de la paginile 40-41

Descrierea CIP a Bibliotecii Naţionale a României

Desenează frumos lumea din jur / Fiona Watt, Rebecca Gilpin, Leonie Pratt, Louie Stowell ; trad.: Emilia Vesa. - Bucureşti : Curtea Veche Publishing, 2011
ISBN 978-606-588-159-4

I. Watt, Fiona
II. Gilpin, Rebecca
III. Pratt, Leonie
IV. Stowell, Louie
V. Vesa, Emilia (trad.)

087.5

Editor: GRIGORE ARSENE

Traducere din limba engleză: EMILIA VESA
Redactor: RUXANDRA APETREI
Corectură: ISABELLA PRODAN
Tehnoredactor: CRENGUŢA RONTEA

Curtea Veche Publishing
str. Aurel Vlaicu nr. 35, Bucureşti
tel.: 021 222 57 26, 021 222 47 65
redacţie: 0744 554 763
distribuţie: 021 222 25 36
fax: 021 223 16 88
www.curteaveche.ro
redactie@curteaveche.ro

Tipărit la Radin Print,
prin reprezentantul pentru România 4 Colours,
www.4colours.ro